Hikathawui vang
Ain Mavaimana

Manglawui Athei

Hikathawui vang Ain Mavaimana

Dr. Jaerock Lee

Hikathawui vang Ain Mavaimana by Dr. Jaerock Lee
Published by Urim Books (**Representative:** Johnny. H. Kim)
73, Yeouidaebang-ro 22-gil, Dongjak-gu, Seoul, Korea
www.urimbooks.com

All rights reserved. This book or parts thereof may not be reproduced in any form, stored in a retrieval system, or transmitted in any form or by any means, electronic, mechanical, photocopying, recording or otherwise, without prior written permission of the publisher.

Copyright © 2016 by Dr. Jaerock Lee
ISBN: 979-11-263-1299-3 03230
Translation Copyright © 2014 by Dr. Esther K. Chung. Used by permission.

First Published in May 2016

Previously published into Korean by Urim Books in 2002

Edited by Dr. Geumsun Vin
Designed by Editorial Bureau of Urim Books
For more information please contact: urimbook@hotmail.com

"Kha Manglana leikashi, khamathan, chingri kahai, jakhami, lumashan katha, kapha ot, ning katong, malung khanim kala khalata khangarin hikatha shokngasaka, Hikathawui vang ain mavaimana."

(Galatianao 5:22-23)

Maiyan

Mangla Katharawui athei khamathei eina vareshi bingna kachangkhatwui ningkhan chi samphanga, hikathawui vang ain mavaimana.

Mi kachivana apong kachivali ain mayonda ot sai. Kha ain hina mili kakhalapna chikha mibingna mamayonrar mara. Laga mamayonrar mana chida athumna makapha sathui kahai tharan chili ningkhan maleimana. Kala athumna makapha sathui kahai atam tharan ning chingri machimana laga katang makhavai kathichi athumna samphangra.

Kachangkhatwui ningkhan chiya kachot kachang, chara kata kala katang makhavai kathiwui eina kankhamina. Kala hikatha kachot kachangli singkashapwui pangshapla lei. Leikashi Vare hiya ithumli machot ngasak ngai mara, chiwui vang eina katang makhavai mirin kala kachangkhatwui ningkhan chi samphang khavai Ana ithumli Bible hi mihai.

Ain makanda kazat binga policeli masamphangrar mana. Kha ain mayonda kazat binga khathring maleila ngachonmi khavai police bingli samphang shapa.

Hithada khamashung ot sada kharing binga khi khikhali khangachee maleila ningkhan eina okthui shapa. Marama Varewui ain hi sokhamiwui apongna da athumna thei. Athuma khai na shamadruli kala khalangna kazingramli ningkhan eina okathui kathana.

Varewui ain hi apong mati eina theipai. Chiya salu, masalu, mayonlu kala ot kaikha masalu kaji hina. Atamna thuimaman okathui hi makaphana pemamana. Hithada mikumona Varewui ain mamayonrar thumana. Thakha khi shokra! Old Testament atamli Israel miyur hi Moseswui Ain mamayon kharar eina kachot kachang kachungkha samphanga kaji ithumna thei.

Varena okathuili Jesu chihorada mikumoli ainwui khonshat eina ngatangkhuimi. Hithada morei makhalei Jesuna krushli thimi kala ali shitkasang bingla huimi. Jesu Christali khuikasang manga eina mikumona Mangla Katahrawui lemmet samkaphang tharan Varewui nao ngasai. Hithada athumna Mangla Katharawui atheila matheishapa.

Mangla Katharana ithumwui wuklungli khara tharan Varewui kathuka ot theida Awui tui athishurda okthui shapa. Chancham sada mi akhana pheokhamiwui ningai makhalei tharan Manglana Jesuwui pheokhami kala leikashi phaning-ung ngasakta ala mili pheomi shap haowa. Chiwui eina ara makapha chili mazanglui mada awui wuklungli kapha kala leikashina pemting haowa. Hithada ithumna Manglawui athei chi matheikha kachangkhatwui ningkhan chi samkaphang mang maningla Varewui leikashi kala sokhamila ithumli tashungmira.

Mangla Katharawui athei khamathei manga eina ithum hi kayakha tharmathengda lei kala Vareli kayakha nganaida zata lei kaji hi theishapra. Ithumna Manglawui athei chungmeida matheikha kazingramli kashungkhamei apamla samphangra. Hithada kazingramwui New Jerusalem chili zangshap khavai ithum Mangla Katharawwui athei kachungkha mathei ngasaksa.

Hikathawui vang Ain Mavaimana kaji lairik hi kapa manga eina nathumna Manglawui kakhalat kala Mangla Katharawui athei chiko maramli chancham eina ngasoda kathei samphangra. 1 Corinthnao 13 wui mangla leikashi, Matthew 5wui Beatitudes kala Manglawui athei hibing hina khamashung shitkasang leikhavai ithumli thanmi. Athum bing hina naoda ithumna New Jerusalem zangshap khavaiwui shitkasang eina tangda leishap khavai thanmi chingra.

    Editorial bureau kala staff bingwui director Geumsun Vinli lairik hi kapishok khavai ngachon khami vang ina ningshiya, kala lairik hi kapa manga eina Mangla Katharawui athei chiko chi nathum saikorana matheishap khavai ina Proho Jesuwui ming singda seiha sada lei. Mi kachivana ningkhan samphangda naoda New Jerusalemwui mi ngasa seranu.

Jaerock Lee

Haokaphok

Kazingramwui New Jerusalemli vakhavai shitkasang shongzawui achuk

Aruihon atamli mi kachivana ngalang zarsera. Mi bingna ringkapha samphang khavai ot sasera. Kaikhana khi sakha phara khala da phaninga kala kaikhana kachangkhatwui mirin chi kathada ringra khala da phaninga. Kha mi kachungkhana ringkapha mirin samphang khavai shortcut shongfa phasera. Hi ngaraicha ena Varewui tui eina ngaheoda khayang tharan ithumwui shitkasang shongza lila kazingram zangkhavai shortcut shongfali mi kachungkha zatta khaleina.

Chapter 1, 'Manglawui athei khamathei' hina Adamwui morei manga eina thikahai manglali ring-ung khangasak Mangla Katharawui maramli chitheimi. Kala ithumna Mangla Katharawui athishurda ringkha Awui athei matheira kajila hangmi.

Chapter 2 'Leikashi' hina Manglawui mathei khare leikashi hi khikhala kaji chitheimi. Laga chapter hina Adamwui morei manga eina leikashi shiman kahai kala Varena ningyang kha-ung leikashi chi khikhala kaji hangmi.

Chapter 3, 'Khamathan' hina khiwui vang ithumna mathei khare leikashi hi shiman haokhala kajiwui maram chitheimi. Kala apong kachivali ithumna mathanda ringlaga Manglawui athei matheishap khavai apong kathumla chitheimi.

Chapter 4 'Chingri kahai' hina Vare eina mikumo mangali chingri leishap khavai moreiwui phaklang sakhai phalungra kaji chitheimi. Laga chapter hina chingrihai khavai mikumowui theikakhui alungli kapha tui khamatui maramli chitheimi.

Chapter 5 'Kakhang' hina kachangkhat khangkhami kaji hi wuklung nemkata kaji maningla kapha ningai eina phaning khamina kaji chitheimi. Hithada ithumna chingri kahaiwui sokhami chi samphangra. Hili khangkhamiwui apong kathum kapi hai: wuklung ngacheimi khavaiwui khangkhami, mibingli ngasoda khang khangarum, kala Varewui apong eina kakhang.

Chapter 6 'Lukhamashan' hina Prohowui lumashan kathei chi kachi katha mina samphangpaira khala kaji chitheimi. Lukhamashan eina leikashi aniwui khangateila chitheimi. Naomei thuida Varewui leikashi samphang khavaiwui maramla chitheimi.

Chapter 7 'Kapha' hina mibingli khangayat makhalei Prohowui wuklung maramli chitheimi. Laga chapter hina kapha kaho hi Manglawui athei chiwui eina ngateiya kaji hangmi. Hiwui kakhalata ithumna kapha kaho chi leida Vareli ningyang ungasak phalungra kajina.

Chapter 8 'Kahang khangana' kaji hina ithumna Vareli kahang nganakha kachi katha sokhami samphang khala kajiwui maram chitheimi. Kala Moses eina Joseph anina chancham sada ithumna kathada kahang khangana hi leipaira khala kaji maramli kapi hai.

Chapter 9 'Malung khanim' kaji hina Varewui miktali kathada ithumna malung nimshapra kala malung khanimwui athei kathada matheipaira khala kajiwui maramli chitheimi. Hiwui maramli apong mati eina ngasoda tamchitheida lei. Naomeithuida, malung khanim bingli sokhamiwui maramla hangmi.

Chapter 10 'Khalata khangarin' kaji hina khalata khangarin hi khiwui vang Mangla Katharwui athei chiko alungli kathada khanaowa athei sahao khala kajiwui maramli chitheimi. Khalata khangarin hi athei chishatli control sakhami athei china kaji chitheimi.

Chapter 11, 'Hikathawui vang ain mavaimana' kaji hina lairik hiwui khanaowa maram sada Mangla Kathara samkaphangwui kankhana kala lairik hi kapa bingna Manglawui ngachon khami manga eina manglawui mi ngasa khavai maramli chithei.

Biblewui maram kachungkha theihaowa kala vareshi atam

kasangkha sahairada ithumna mapung kapha shitkasang leihaira machipai mana. Shitkasang kaji hiya ithumna wuklung ngacheida kayakha kapha ot sada leikhala kajiwui alungli khaleina.

Lairik hi kapa eina nathum saikorana Mangla Katharawui athei chiko chi khamathei samphangra kaji hi ina shitsanga.

Geumsun Vin,
Editorial Bureauwui Director

CONTENTS
Hikathawui vang Ain Mavaimana

Maiyan · vii

Haokaphok · xi

Chapter 1
Manglawui athei khamathei   1

Chapter 2
Leikashi   13

Chapter 3
Khamathan   29

Chapter 4
Chingri kahai   49

Chapter 5
Kakhang   69

Chapter 6

Lukhamashan　　　　　　　　　　89

Chapter 7

Kapha　　　　　　　　　　105

Chapter 8

Kahang khangana　　　　　　　　　　123

Chapter 9

Malung khanim　　　　　　　　　　141

Chapter 10

Khalata khangarin　　　　　　　　　　163

Chapter 11

Hikathawui vang ain mavaimana　　　　　　　　　　179

Galatianao 5:16-21

"Ina kahang chi hina: Mangalana nathumwui mirin thanngasaklu, chithakha mikumowui khangacha chiwui ningkachang chili nathumna masamana. Kaja mikumowui khangachana ningkachang chi Manglana maningchang mana, kala Manglana ningkachang chi mikumowui khangacha china maningchang mana: khani hi mamaya ngarokmana. Chieina nathumna sakhangai chi masapai mana. Manglana thanmi akha nathum ainwui azingli maleilui mana. Mikumowui khangacha china sakhangai chi theipailaka: chiya shuikhangarui, makathar, mitun makhangatun, meomali khokharum, kala meowor kashon, yangshi khangarok, khangama, mikpai kashi, malung khavat, kakharam, michang kakhom, kaikhangarok, yuikashi, khamarip, khamang kazali akachang kasa, hikathatha hina. Rida hangkahai thada aruila hangluyishitli: hikathatha ot kasa bingwuili Varewui wungram maleimana."

Chapter 1

Manglawui athei khamathei

Mangla Katharana thikahai mangla ring-ung khangasak
Manglawui athei khamathei
Mangla Kathara eina phasawui ningkachang
Kapha kasali lungkasang

Manglawui athei khamathei

Driver akhana shongfa khamathali gari kathao hi ringphalaka. Kha mazat lakrang kaji shongfa akhali khava tharan ning ngasharda thaowa. Kha car akhali GPS navigation system zangkha khikha hapkakhano maleila athumna vakhangai apamli pailak eina thaova shapa.

Ithumna kazingram vakhavai shitkasangwui shongza kazatla chikathana. Vareli ngavapta kala Awui tuili shitsangda kharing binga Mangla Katharana thanmira. Kazingram kazangli Mangla Katharana mashameikap kaji shongfa chili thanzatra.

Mangla Katharana thikahai mangla ring-ung khangasak

Adam hi mangla akha sada leisai, Varena ali khakhā marisangmida mirin samphanga. Mirinwui khakhā kaji hi haphok khare kahorli khaleina, kala hi Adamwui ara aza katongana Eden Yamkuili okthuida leilaga samphangsera.

Kha Adam eina Evena kahang manganamada anili okathuili kasham kahai eina mirinwui khangacha chi malei thuwa. Varena Awui kharinga khakha chi khuithuimi haida acho eina haimi haowa. Chiwui eina mirinwui athei chi ara aza bingli mavashungrar thuwa.

Hithada nao vaida kachang katharuka kakashung eina Varena mirinwui athei chi nao chiwui wuklungli sangmida kharing kaho hi samphang ngasaka. Chiwui eina Proho Jesuli khuisangda mirin malinglak eina okthui. Kha Jesuli makhuikasang athuma mirin mamalingrar mana. Hili thikahai mangla hoi. Hithada mangla china thida leilaga eina tangda katang makhavai mirin chi masamphangrar mana.

Adamna morei sakahaiwui eina thuida mi kachiva hi kathi alungli okthui. Kha chiwui eina shokta katang makhavai mirin chi samphangsa chikha mikumowui mangla chi ring khangasakli tai. Hina maram sada Varena Awui Nao Mayara chi okathuili chihorada huikhamiwui khamong rashomi khangasakna. Hithada ithumwui mangla ringkhavai Jesuna mikumowui morei katonga rakhuithui mida krushli thimi. Chiwui eina a hi shongfa, khamashunga kala kharinga mirin ngasathui haowa.

Chiwui vang eina ithumna Jesuli huikhame akhava akha sada kakhui tharan morei pheomida Varewui nao ngara ngasai kala Mangla Katharala samphanga. Mangla Katharawui pangshap manga eina thida leikasa mangla chi ring-ungda thuimathuka. Thikahahi mangla ringkha-ung chi hili kahangna. Hiwui vang John 3:6li kapihai, "...Manglana kaphara chi manglana." Ngawokhai kahai atha hi tara kala zingham samkaphang manga eina akhar kharshapa. Hi ngaraicha eina mirinwui atha chila manglawui tara kala zingham darkar sai. Ithumwui mangla rarsang khavai Varewui tui tamra; hina manglawui tarana. Kala Awui tui athishurda ithumna otsak eina chitheida ringra; hina manglawui kahorna.

Ithumwui wuklungli Mangla Kathara rakazang eina morei, khamashung khangarong kala bicharwui maramli theishapa. Kala Ana morei kala ain makhangava mirin chi horhai shap khavai ngachonmi. Langmeida chakhamaja eina tui matuishap khavai kala khamashung eina ot sashap khavai Ana ngachonmi. Kala Ana shitkasangwui mirinli ringda kazingramwui kachihanla leingasaka. Ina chancham eina hangga.

Ringkapha shimkhur akhali nganaokaka nao akha leisai chihaosa. Thangkha ana kaphung tonli yaothui kada khangashan eina 'Yahoo!' da ngavao shoka. Chili awui akhon ngaraicha eina ana kasha samphanga. Ana matakhak haida 'na khipakhala?' da ngahana. Ana kahang horzakta ana shalui. Awui tui yonlaga khamatui chi theida malung kanglak haoda "Ili ngama khavai kasala?" da ngahan luishita. Awui tui chi ngaraicha eina ana shaluishit haowa. Chi liya mi kaikhana ali rayangda khaleira da phaninglaga ngacheelak haowa.

Ana kaphungwui eina tada shokahai maram bingchi ashavali unghanga, "Ava kaphungli makapha mi akha leida lei". Manarim eina ashavana ngahankai, "A chi kapha mira nawui ngasotnaola sapaira". Na akhamala kaphung chili valuishita 'yonhaira' da khiwui vang mavahang mara khala? Akhama kathala nao china kaphungli kaluishita "Ayawui chi I yonhaira, na iwui ngasotnao masapai marala?" da vahang luishita. Chi lila ngarai kacha akhon chi ana kasha samphang luishita.

Chiwui eina akhon chi awui akhon papama kaji ava china hangmi haowa. Hithada Mangla Kathara nala ava akha sada ithumna makathei chi hangmi chingda khaleina.

Manglawui athei khamathei

Mi akhana atha khayao tharan akhar kharshokta athei

matheiya. Hithada Varena ithumli manglawui atha chi yaosang mida akhar kharlaga Manglawui athei mathei ngasaka. Kha Mangla Kathara samkaphang katongana athei chi mathei phalungra kaji malei mana. Athei chiya Mangla Katharawui thankhami alungli kazatta mi mangli matheira.

Mangla Kathara hiya electric generator khathana. Generatorna ot sada leilaga eina tangda electric hora. Kha generator hili khangashun mangna bulb chi kahorna. Kahor khalei tharan tangkhamang malei mana. Hithada Mangla Katharana kahor akha sada ithumli khalei tharan tangkhamang kaho hi maleimana. Hithakha ithumna Manglawui athei chi matheipai.

Hili khamataiya maram akhala lei. Generator chi maleikha bulb akhalatana mahorar mana, generator hi khamataiya. Hithada Varena Mangla Kathara hi generator akha thada ithumli mi, kha generator chi ithumna singki kajina.

Ithumna Mangla Kathara chi generator akha thada kasing tharan ningasharda machatlakla seiha sara. Khamashung chili shurshap khavai ithumna Mangla Kathara chili mayaki kajina. Ithumna Ali kashur kaji hi Ali khamayana. Hithada ithumna Ali shurkha ithumwui wuklungla ngachei shapra. Chiwui eina ithumna Awui athei matheishapra.

Ithumna wuklungwui khamkhao hi horhai shapkha Mangla Katharana ngachonmida apong kachungkha eina athei khamathei samphangra. Drakhathei arong akhali matheiser lala chiwui athei katonga chi sakhashida minser maji mana kala kahak kateola leipapama. Mangla Katharawui athei chila hi eina ngarai. Mi kaikhana leikashiwui athei matheira kala kaikhana khalata ngarin kashapwui athei matheira, kha mapung mapha khanala leira. Langmeida kaikhana kahang khanganawui athei matheira kala kaikhana malung khanimwui athei matheira, kha khaminwui atam ngatei ngarokpai.

Thalala atam kha leilaga drakhathei athei katonga chi minserda mina ningchang kapai athei ngasai. Hithada eina ithumna Mangla Katharawui athei khamathei tharan Varena ningchang kapai mi akha ngasa shapa. Hikatha mina Jesuwui nganamkapha anganam chi mishok shapa. Athumna Mangla Katharawui akhon shai kala athumwui ot kasa chi Varewui tekmatei khavai ngasai. Hithada athumna Varewui wungpam khongli khalei New Jesrualemli zangshap khavai qualificationla samphanga.

Mangla Kathara eina phasawui ningkachang

Ithumna Mangla Katharawui ningkachang chili thi kashur tharan phasawui ningkachang hina hapkhano khavai sai. Phasawui ningkachang hiya Varena makhamaya makhamashung apongli kazat hina. Chiya phasa kala mikwui khamathang kala langsotna. Hikatha hira ithumli morei sangasakta ain makhavai mi ngasathui haowa.

Aruihon atam changli 'khamathangwui ot mayanglui mara, ili seiha samilu' da mi akha ili rai. Ana hanga, 'Khikha ringkaphava maleilaka hikatha ama khayang hina kathada mili sazangasak hao khala chida ina phaningsai. Kha yangmaman kaji eina laklui lakluida yangaishon haoda ining chingri machipai thuwa'. Hikathawui khamathangli ithumna zatching haikha makapha ot kachungkha shokapai lei.

Chiwui vang eina Galatianao 5:16-18li hithada kapihai, "Ina kahang chi hina: Mangalana nathumwui mirin thanngasaklu, chithakha mikumowui khangacha chiwui ningkachang chili nathumna masamana. Kaja mikumowui khangachana ningkachang chi Manglana maningchang mana, kala Manglana ningkachang chi mikumowui khangacha china maningchang mana: khani hi mamaya ngarokmana. Chieina nathumna sakhangai chi masapai mana. Manglana thanmi akha nathum ainwui azingli maleilui mana."

Ithumna Mangla Katharali shurda leikha ning chingri eina apong kachivali mathanshapra. Kha ithumna phasawui khamathang chili shurthui haikha Mangla Katharana chapngacha haoda chingri kahai masamphang mara. Chiwui eina Mangla Katharali shurkida saklak haora.

Paulna hiwui maramli Romnao 7:22-24li hithada kapihai, "Varewui ain chi iwuklungli ningyang unglaka. Kha iphasali ot kasa ain khangatei akhala thei, iwui ningna mayakahai ain chili khangararra ain china iphasali ot sada khalei moreiwui ain china ili narkahaina. I kayakha kakhanang mikhala! Phasathit hiwui eina ili khipana kanmishapra khala?" Hithada ithumna Mangla

Katharali shurda zatkha Varewui nao ngasara kala phasawui ningkachangli shurda zatkha kathi shongfali zangda tangkhamang mi ngasara.

Galatianao 6:8li hanga, "Khalatawui ningkachang athishurda lingsang akha kashui hatkhuira, Manglawui lungli lingsang akha makashiman mirin hatkhuira." Ithumna phasawui athishurda okthuikha phasawui ot sai, chiya moreiwui otna. Chiwui vang eina ithum kazing wungram mazangrar mara (Galatianao 5:19-21). Kha ithumna Mangla Katharawui athishurda okthuikha Awui athei chiko chi ithumna matheira (Galatianao 5:22-23).

Kapha kasali lungkasang

Ithumna shitkasang eina Mangla Katharali shurda leikha Varewui naongara ngasada Manglawui athei chi matheira. Khamashung wuklung hina Manglali shurda Varewui tui athishurda okthui shapra. Kha wuklung hina phasawui ot sangasak haikha tangkhamangli okthui haora.

Chancham sada Varewui nao ngara bingna Ningkhami Tharali kazang khathara zimiksho khamayon kaji hi leiphalungra. Kha shitkasang khangazan binga Sundayli athumwui dukan chi shunghaikha tanar haora da phaninga. Hili phasawui ningai eina hithada phaninga, 'Thangkachida maningla marakhali dukan shokha kathara khala? Maningkha, ipreiva inina ngathor ngazin ngatak ngatakta dukanli pam kala churchla ka chikha kathara khala?' Mangla Katharawui ningkachang alungli okthuida khalei binga 'Ithumna Sunday kachida dukan shunghailala Varena chungmeida somira' kachiwui ningai hi leishapa.

Mangla Katharana ithumwui khangazan chiwui vang thuklak eina phayetmida lei (Romnao 8:26). Mangla Katharawui manga eina ithumna khamashung ot sakha chingri haira, kala ithumwui shitkasangla thang thang mataisangra.

Bibleli kapi kahai Varewui tui hiya khangachei mavai mana; kapha kaji hi chili khaleina. China Varewui naongara bingli katang makhavai mirin mida ringkapha samphang ngasaka. Mangla Katharana thankhami Varewui nao binga phasa hi krushli shaokashan thada chikatshap chinga. Athumma Varewui tui athishurda Mangla Katharali shurda okthui, kala kapha kasali lungsangda sai.

Matthew 12:35li hanga, "Kapha mina awui khamatha kazip kahai chieina khamatha shoka kala zakkasi mina awui kazip kahai chieina zakkashi shoka." Hithada wuklungwui makapha chi ithumna horhai shap khavai thuklak eina seiha sada kapha kaho hi ithumwui mirinli kazipsang phalungra.

Kala Galatianao 5:13-15li hanga, "Ivanao ngara, nathumlila ningkhan khavai hokhui haira. Kha ningkhan hina nathum phasawui ningkachangwui khutlai sada nathumli mamung ngasak alu. Kha leishida akha eina ngachon ngaroklu, kaja 'Khongnainaoli nakhalata leikashi thada leishilu' kaji ningkhami hili ain saikora kharupser haira. Kha sayur thada akha eina akha makei ngarokta chotngasak akha, ning ngasharlu, chi maningakha nathum saikora shiman ngarokra," laga Galatianao 6:1-2 lila hithada kapihai, "Ivanao ngara, kachi kathana khalang ot kasa theiakha manglarinli khangaphum bing nathumna ali mashungkhuimi phalungra, kha chi malung khanim eina saphalungra. Nathum khalata kasuili matazang khavai ning ngasharlu. Akhana akhawui khangazanli ngachonmi ngaroklu, chithakha nathum Christawui kakaso khanganana."

Hiktaha Varewui thui hili shurda ithumna ringkha Mangla Katharawui athei matheida manglawui mi ngasai. Chiwui eina ithumna Vareli kapopo chi samphang shapa kala katang makhavai mirinli okthui khavai New Jerusalem lila zangshapra.

1 John 4:7-8

"Leikashe bing ithum akha eina akha leishi ngaroksa kaja leikashi hi Varewui eina kharana, leishi katha michi Varewui naona. Maleishi katha a chiya Vareli matheimana; kaja Vare hi leikashina."

Chapter 2

Leikashi

Manglawui atheili chuimeikap kaji levelli leikashi
Atamwui athishurda phasawui leikashi khangachei
Manglawui leikashina mirin khami
Vareli kachangkhat leikashi
Leikashiwui athei mathei khavai

Leikashi

Mikumona chakhamajali langmeikharda leikashi hi pangshap lei. Leikashiwui manga eina makaphali zatta khalei bingli kankhui shapa. Leikashi hina pangshap katharla mida katomngaroka. Mibingwui khavon chi leikashi manga eina farormishap kha Varena somida matakhak kahai khangachei samphanga kala khamashung eina mashunla kathei samphanga.

Sociology research team akhana Baltimore citywui katamnao 200li rada research rasai. Athumna hanga, 'katamnao kachungkhana lairik katamwui athei mamatnei mara'. Kha zingkum 25wui thili research rasalui kaji eina athumna hangkahai tui chi mamashungsa mana. Katamnao 200wui ngachaili 176 hina athei matheida lawyer, doctor, preacher, kala businessmen shoka. Hi theida research kasa team china 'kathada sada katamnao bing hina success samphang haokhala' da oja bingli ngahana. Hili oja bingna, 'Ithumna athumli leishi kala chi athumn nala theida ot kasa vang hithaca kashokna' da ngahankai.

Ara, Mangla Katharawui mathei khare leikashi hi khikhala?

Manglawui atheili chuimeikap kaji levelli leikashi

Khangacha eina phasa kala manglawui leikashi hi lei. Phasawui leikashi hiya khalata kana khavai mang phai. Hiya atamwui athishurda shiman haora; kakhalat makhalei leikashi china. Manglawui leikashi hiya kateiwui vang phaningmi kala apong kachivali khangachei mavai mana. 1 Corinthnao 13li leikashiwui maramli hithada kapihai.

"Leikashina ningzing haringthei kala lumashanthei; leikashina mikpai kashi kala khalat kaso mavaimana, khaya ning manganing mana kala achei arei makathei otsak masamana; khalattawui vang maphaning mana; kateili malung mavat ngasak mana kala malungla mavat mana; khalang otli mamathan mana, kha khamashungli mathanna. Leikashina ot saikora phungmi; saikora shitsanga, saikora chihanna; saikora jami" (vv. 4-7).

Galatianao 5 li kapi kahai leikashiwui athei eina 1 Corinthnao 13li kapi kahai leikashi khani hi kathada ngatei ngarok khala? Mangla Katharawui manga eina khamathei leikashi hiya mi bingwui vang mirinla chikatmi shapa. Hina 1 Corinthnao 13li kapi kahai leikashi levelli chuimei. Leikashiwui chuimeikap kaji maram chi hina.

Ithumna leikashiwui athei matheida mibingwui vang mirin chikatmi shapkha mirinli yangka kharing kaho hi malei mara. Varena ithumli leishilak haoda Awui Nao Mayarawui mirin chi ithumwui vang rachikat khamina. Ithumla hikatha leikashi hi leikha Varewui vang, Awui wungramwui vang kala khamashungwui vang mirin chikat kida masak mara. Langmeida ithumna Vareli leikashi manga eina ngasotnao mangli maningla yangkashe bing lila leishida mirin chikatmi shapra.

1 John 4:20-21li hithada kapihai, "Kachi kathana 'I Vareli

leishi' jilaga avanaoli yangkharing akha a kakapikna, kaja ana mik eina kathei achinali maleishi akha, mik eina makathei Vareli maleishirar mana. Chieina Christana hithada kahangna; Vareli leikashi china avanaolila leishi phalungra." Hithada ithumna Vareli leishikha mi kachiva lila leishi. Mi kateili maleishirar laga Vareli leishiya kaji hiya kakapikna.

Atamwui athishurda phasawui leikashi khangachei

Varena Adamli kasem tharan manglawui leikashi eina leisai. Edenwui zingshoshong yamkui khamatha akhala semmida ali chili chipama. Chili khikha khavat maleila ana Vareli ngasoda ringa. Ali Eden Yamkui mang maningla okathuili khalei ot saikorali mungkhavai pangshapla mi.

Varena Adamli manglawui leikashi puitha ngasaka. Kha Adamna Varewui leikashi chi matheishing khuirar thumana. Ana phasawui apongli khalei yangkakharing kaji hi mathei thuda Varewui aman kasaka leikashi chila matheirar thumana. Chiwui eina atam kasangkhawui thili pharana ali rasuida Varewui ningkhami kaingasak haowa. Varena mashailu kaji athei chi khuishai haowa (Haokaphok 2:17; 3:1-6).

Chiwui eina Adamwui wuklungli morei razangda ahi phasa khavaiya mikumo ngasa haowa kala Vare lila chan mangazekpai thuwa. Varena Eden Yamkui chiwui eina kasham haowa. Hithada naolak eina Adamwui nao ngara bingwui mirinli yangkakharing, kakharam, kachot kachang kala kazat kashina pemhaowa.

Hithada athumna Varewui eina takhangai tada okthui haowa. Kala moreiwui manga eina haokaphokwui leikashi chi shiman haida phasawui mirinli okthui haowa.

Adamna ningkhami kaikahaiwui eina thuida aja rashungda okathui hili manglawui leikashi hi samphangshilak haowa. Mi bingwui leishi khangarok hi phasawui leikashi ngasathuiser haoda atam sangda maleishi ngarok thuwa. Hithada ning ngacheishok ngacheisangda leikashe bingli eina tangda kapikshapa kala khalata kanna khavai mang phangarokta okthui haowa. Athumna kanna khavai samphangki kaji bing mangli ngasoi. Mili khikha sakhami chi athum lila samira da phaninga. Hiwui kachihan hi leihaoda mina athumwui vang khikha masakhami tharan chingri kahai samphang mana. Hikatha hiya phasawui leikashina.

Shanao mayarnao leishi ngarokta samkaphang tharan 'mirin peida leishira' kaji tuihi hangzarlaka. Kha shakzakhui kahai einava athumwui tui chi malai ngarok haowa; atam kha leilaga machangarok thumana. Leishi ngarokta leilakhava akha eina akha ningyang ungkhavai samingaroka; kachichawui kaphaning masamikha malungla vatngaroka. Kha hi sangda mavarar mana. Atam akha liya ngala kapang kaji hi tanglak eina leisai, kha aruihonva mi kachungkhana ngala pangarokta chiwui thili mi kateili sakzalui haowa kaji theikapta lei. Kakhane shakaza lila 'I nali leishi kachangkhata' kaji tui hi hangaroka. Hi phasawui leikashi laka.

Ava avā kala naongara bingwui ngachaili khalei leikashi khani hi mangatei mana. Ava ava kaikhana nao ngara bingwui vang mirin chikatmi shapsa lapai kha hila manglawui leikashi chi maning mana. Manglawui leikashi kaji hiya naongara bingwui vang mang maningla katei biwui vangla zanga. Kha okathui hi maphathuda ava ava ngara bingla naongara bingwui vang mirin machikatmirar mana. Pheisawui maram kala ning makhangarum eina ava ava kala naongara yangshi khangarokla shokta lei.

Chinao ngara kala ngasotnaowui ngachaili khakei leikashi hiya katha? Pheisawui maram eina chinao ngara kachungkha yangshi ngaroka. Ngasotnao bingwui mirinla hi papama. Athumna mayangarokta leilaga eina tangda ngasotna sai. Kha khikha maram leihaikha athumwui leikashi chi ngachei haowa. Mi kachungkhana athumna sami kahai kala mikahai chiwui athishurda naoda athumna samiluishitra kala miluishitra da phaninga. Marakha liya ning tonglak eina mikahai kala ngachon kahaila leira. Kha ning makui kahai einava hikathawui otsak hi phaningda ningai mai. Hikatha hiya phasawui leikashina.

Manglawui leikashina mirin khami

Mi akhana awui leikashi mi akhawui vang mirin chikat khami kaji hi phai da khuingaroka. Kha mi akhawui vang mirin chikatmi phalungra kaji leihaikha ithumwui khangacha hi mipa chili ningka kachai hangkhavai malei mara. Hithada phasawui leikashi hiya mashalaka.

Chancham akha hangga. Nao khaluma akha khalei awunga akha leisai. Kala awui wungram chili mi sakathatwui vang sathat phalungra da mi akha lila tuknar haisai. Ali kanmi phalungsa chikha khikha khayon makhalei mi akhana awui mahut eina rathi phalungki kajili tai. Hili khikha khayon makhalei awunga china anao khaluma hi mi sakathat pawui mahut sada thimilu chipairala? Hikatha hiya okathuiwui thotrinchanli malei mana. Kha Varena awui Nao khaluma chi ithumwui vang thimi khavai okathuili chihorai. Varena ithumli hiyakha leishi (Romnao 5:8).

Adamwui morei manga eina mikumo saikora morei phungda kathi shongfali zatkasana. Laga kathi shongfa chiwui eina shokhaosa chikha rilak eina ithumwui morei tharhai phalungra. Hithada ithumwui morei chi tharkhui khavai Varena Anao khaluma Jesuli okathuili chihorami.

Galatianao 3:13li, "Thingtungli kathe a chi Varewui khonshat lungli lei." "Moreiwui saman kathina" (Romnao 6:23) da hangkahai chiwui athishurda Jesuna krush tungli thikhami kaji hi ithumwui morei vangna. Kala ashee mashokla morei mapheomipai thuda (Hebrewnao 9:22) Jesuna ithumwui morei pheomi khavai ashee shokmi. Ithumwui mahut sada Jesuna tandi phungmi; chiwui vang eina ali shitkasanga mi kachivali morei pheomida katang makhavai mirin chi mi.

Morei kaphunga bingna Jesuli manashida krush tungli sathatra kaji hi Vare thei. Kha mikumoli kanmi khavaina chihaoda hi shokngasaka.

1 John 4:9-10li hithada kapihai, "Varena awui leikashi ithumli hithada chithei; awui naoho naotong chihorada awui manga eina

ithumli kahui samphang khavai sai. Leikashi kaho chi hithai; ithumna Vareli leishi khare maning mana kha ana ithumli leishida ithumwui morei pheomi khavaiwui vang maseimi khavai Anao mayarali chihorami."

Hithada Jesuna krush tungli thikhami kaji hi Varena ithumli leishi kajiwui khutamna. Hithada Jesu nala mikumoli leikashi azak kachithei sada krush tungli thimi. Hikatha leikashi hi katang mavai mana, kala kateiwui vang ashee shokmi kida mangang mana.

Vareli kachangkhat leikashi

Hikatha leikashi hi ithumla leipairala? 1 John 4:7-8li kapihai, "Leikashe bing ithum akha eina akha leishi ngaroksa kaja leikashi hi Varewui eina kharana, leishi katha michi Varewui naona. Maleishi katha a chiya Vareli matheimana; kaja Vare hi leikashina."

Ithumla kuingatokwui otmang maningla wuklung eina theichaoda ot sakha Vareli kachangkhat eina leishi shapra. Vareshiwui mirinli kachot kachang kachungkha samkaphangla leikapra maningkha ot akhawui maram eina thongthang katonga kupkahaila ngavara. Kha chithasayi lala kachangkhat leikashi hi ithumli leihaoda ning suita kahai masamana.

Iwui khaluma nao ngalava kathum thinaikha kashokna. Kaja zingkum thumra mamangli Koreali koila eina mei kasahi zatna sai. Chieina koila meiwui eina kashok carbon monoxide gas hina accident kachungkha shokngasakta leisai. Atam hi ina church akha haophokta ishi shimkhur church chiwui basement akhurli okthui kasana. Hili iwui nao ngala kathum kala nao mayara akha ashi matila carbon-monoxide gas khaksui sangda ringra kaji maphaning samana.

Inao ngala kathum chili yangda complainva masamana. Athum kachot kachang, chara kata makhangava, kala chingri kahai kazingram chili vahaora kaji phaninglaga ina Vareli masochikata. Kha inao mayara chiya churchwui memberla sahaoda awui mangla changva kanmilu da Vareli poi. Kala ina nao ngalava bingwui vang seiha sada leilaga inao mayara chi rin-ungda phasa ngathaphok haowa. Chiwui thili kateila ring-ungser haowa. Arui rashungda athumwui phasali khikha side effect maleimana. Athum hi churchwui pastor saserda lei.

Ithumna Vareli leishikha khi khikha leilala ithumwui leikashi mangacheilak mara. Awui leikashi chiya Anao Mayarali krush tungli rathi ngasaka. Hili ithumna ningkhamaong maleimana. Thakha ithumla khangachei maleila Vareli leishi phalungra.

Ithumna mi kateiwui vang phaningkhami tharan Varewui leikashi hi phaning-ung chingki kajina. 1 John 3:16li kapihai, "Chithada sada leikashi hi khikhala da chiwui eina ithumna theikhuipai; Christana ithumwui vang amangla chihomi. Chiwui vang eina avanao bingwui vang ithumnala mangla chihomi phalungki kajina." Ithumna Vareli leishi kachang khatkha ithumwui chinao ngara bing lila leishi shapra. Hiwui kakhalatva khalatawui vang khikha maphaningla miwui vang ning tonglak eina ot samishapra kajina. Langmeida ning kathar eina ithumwui khalalei eina tangda mili mishok shapra.

Aja rashungda shitkasangwui shongzali I kachot kachang kachungkha samphang kahaina. Ishi shimkhur mi thada khuida okthui khangarum athum eina tangda ili manashida mikhanam ot sai. Athumna ili phap tanguida pangla chajarai.

Thalala ina athumli kapha eina ngahankai. Kala Varewui pangli haida athumli pheomi khavai seihala sami. Athumna church chihoda thuihai lala ina athumli yangkakharing masamana. Ning ngateida han-unglu kaji himang ina phaningmi. Athumna makapha ot kasa kaji hi iwui otphun matai kasangna. Kha Varena ili leikashi hi theida inala athumli leishida ot sami.

Leikashiwui athei mathei khavai

Ithumna wuklungwui makapha saikorahi narhai shapkha leikashiwui athei matheira. Kaja kachangkhat leikashi kaji hiya makapha makhalei wuklungli khaleina. Hithada ithumli khamashungwui leikashi hi leikha mi bingli chingri ngasak shapra. Kala mibingli phap tamida otramla ngatha shapra. Langmeida athumli ringpha khangasak hi eina Varewui wungram hakasangla shokra.

Biblewui manga eina awo ayi ngara bingna leikashi kathada leisa khala kaji ithumna kathei samphanga. Mosesna Israelnao bingli leikashi vang kharinga lairikwui eina awui ming eina tangda khuishokmi khavai Vareli poi (Shongza 32:32).

Paulna Proholi samkaphang eina thuida awui leikashi mangacheilak mana. Ana Gentilenao bingli pao hashokta awui third mission tripli church kachungkha semkai. Pao kapha hakashok eina ana kachot kachang kachungkha samphangda naolak eina ali Romeli sathat haowa.

Jehuding bingwui eina hapkakhano kachungkha ana samphanga. Ali shaoda phatop lila tuksanga. Jahaz kaida shamadru alungli thang ngaya kala ngashunkha pamthai. Kha hitha haowada ana maringkapha masalak mana. Laga ana akhalatawui vang maningla churchwui vang phaningda malung ringmi chinga.

Hiwui maramli 2 Corinthnao 11:28-29li kapihai, "Saikora chi hailaga thang kachida ina church katongawui vang phaning khamiwui malung kharing lei. Kachi kathana ngazan kahai leikha ila ali ngarum kahai thai, akhana morei sakha ining kateokha kachot maningmana."

Ana manglali leikashi manga eina awui mirin eina tangda chikatmi. Awui mapung kapha leikashi hiwui maramli Romnao 9:3. Ili kapihai, "kaja phasawui pongli iwui theisa bing kala ichina ngarawui phakhavai athumwui eina ili Varena khonshida Christawui eina ngatei ngasak haowa jilala khikha maleimana." Hili 'iwui theisa bing' kaji hi awui shimkhur mi bingli kahang maning mana. Ali sheikhauta khalei Jehudinao bingli kahangna.

Ana athum mangli huikhui haikha 'I meifa valala kakai malei

mana' chida phaninga. Hithada ana mi bingli leishi. John 15:13 li, "Ngasotnao bingwui vang mangla chiho khami hili langda hakhamei leikashi malei mana" da kapi kahai thada Paulna chuimeikap kaji leikashiwui level eina ana mibingwui vang thimi haowa.

Mi kaikhana 'Proholi leishilu' chilaga athumwui chinao ngarali maleishirar mana. Athumwui 'chinao ngara' kaji hi yangkashe kathali kahang maning mana kha maram kateokhawui vang eina ning macha khangarok hili kahangna. Hithada Varewui otram khangathali kaphaning ngatei khangarok eina kateokha macha khangarokva leipai. Kha mi bingwui mangla thida kala sifarim zatta khalei thatheida yangkhei kahai hiya mamashung mana. Hithakha Vareli leikashina da hangpairala?

Thangkha ina mi saikorali hangphata, "Ina mangla thingkha huimishap haikha chiwui mahut eina I meifali valala mangangmana." Meifa hi kathalak khala kaji ina thei. Chili vakhavai masalak mara. Kha meifali vahaokda leida khalei athumwui mahut sada ina chili vami khalai haoga kajiva I mangachee mana.

Mangla thingkha alungli iwui church memberla zanga chira. Kala athum bing chiya Varewui tui sha shalaga makhamashung apongli zathui kahai kathanna kaikha zanga. Langmeida athum hiya yuishida kala phap tanguida ishi churchli hapkakhano mida khalei mi bingna. Maningkha athum bing chiya Africa ngaleili khalei kachama bingli hangpai.

Jesu Christana iwui vang thikhami thada inala athumwui vang mirin chikatmi shapa. Hi ina athumli leishi haoda kaji mang maningla Varewui tuina 'leishilu' da hanghaoda ina sakashapna. Chiwui vang eina zimiksho thuimaman ina athumli leishi mataimeiya. Athumwui vang ina mirin chikat shapa khiwui vangkhala chilaga Ava Varena hikatha otsakli ningyang unga.

Hithada "Apam kachungkhali ina kathada paokapha hashokpaira khala? Mi bingna shitsang khavai ina Varewui pangshap kathada chitheipaira khala? Kala okathuiwui makapha hi chitheida kathada athumli kazing wungramli thanvara khala?" kaji himang ina phaning kapamna.

Varewui leikashi hi ithumwui wuklungli kayakha leikhala phaning ungsa. Awui leikashi chiya Anao Mayara eina tangda ithumwui vang khamina. Hithada ithum nala mili wuklung ning tongda leishi phalungra. Hili khamashung leikashi hoi. Ithumna hikatha leikashi hi leikachangkhat hairakha Kazingram New Jerusalem lila zangshapra. Nathum saikora Varewui katang makhavai leikashi chi samphang seranu.

Philippinao 4:4

"Atam kachida Proholi ringkharum vang mathan chinglu. Ina hangluishitli mathanlu!"

Chapter 3

Khamathan

Khamathanwui athei
Leikashi eina samphang khamathan hi kathada shiman hao
khala kajiwui maram
Manglawui khamathan athei khamathei
Nathumna khamathanwui athei hi matheingaikha
Khamathanwui athei matheilala chap khangacha samkaphang
Apong kachivali 'ya' chida kaphali kashur

Khamathan

Khamana kaho hi heart attack kala ngalangda kathi (sudden death) hikathawui ari akha kathana. Kala hina kazat kashi kachungkha kala cancer eina tangda ngak kashapwui pangshap zangda lei. Hithada phasali phakhavai leihaoda Varena ithumli 'mathan chinglu' da kahangna. 'Mathan khavai maram maleila kathada mathanra khala' da kaikhana ngahanra. Kha Varewui nao binga kachot kachang leilala katang makhavai mirin chili theida mathanshapa.

Khamathanwui athei

Khamathan kaji hi ringkaphali kahangna. Manglawui khamathan kaji hiya thada ringkapha chili kahang maning mana. Vareshi makhaning bingla kala khamahai atamli ringphashapa. Kha athumwui ringkapha chiya hunakhamang wuina, kasak atamli shiman haora. Khamathanwui athei eina khara hiya apong kachivali mathanshapa.

1 Thessalonicanao 5:16-18li kaphai, "Atam kachida ringpha chinglu, mathahaila seiha sachinglu. Kashoshok saikorawui vang ningshilu; Christa Jesuli khangarumwui vang nathumli hi Varena sangasak ngailaka." Manglawui khamathan hiya apong kachivali Vare lila masot mishap chinga. Hithada khamathan kaji hina ithum kachi katha Vareshi sada leikhala kaji chitheimi.

Vareshi kaikhana mathan ngailala masarar kachangkhat mana.

Athumna meeting kada seihala sai kala sakhangayi thongthang katongala sai. Kha khikha leikahai tharan ning chingri machirar mada wukhananglak eina okthui.

Nathumwui problem solve kasa makasa kaji hi atam kachivali Varewui mingli kayakha mathanshap khala kajili lei. Nathumna mamathan kharar atam chili mirror (mingshen) yanglu. Chi khayang atam tharan nathum mathan kashap mika kala mamathan kharar mikhala kachi theishapra. Hanglaksa chikha Jesuwui ashee manga eina huimi haoda ithumma mathan chingki kajina. Ithum katang makhavai meifali vahaira saki kajili Jesuwui ashee manga eina kanmida kazingram zangkhavai shongfa samphang kahaina. Himangna ithumwui mathan khavai pangshapna.

Israelnao bingna Egypt shipaiwui eina yamshokta Red Sea makan kahai tharan athumna kayakha ringkapha! Chiwui eina shanao bingna Vareli maso kachikat eina ngasoda dancela sai (Shongza 15:19-20).

Hi ngaraicha eina mi akhana morei makan haowa kaji theikha ithum nala ringphaki kajina; hiwui vang Vareli masot michingra. Hi ithumwui ringkapha maramna. Langmeida Vare mingwui vang kachot kachang samphang lala kazing wungram phaningda mathanra. Hithada hiwui khamathan hi leichingshap kha manglawui atheila kachungkha matheishapra.

Leikashi eina samphang khamathan hi kathada shiman hao khala kajiwui maram

Mi kachungkhana leikashiwui eina samkaphang khamathan hi maleirar mana. Marakha liya Proholi khuisang hailala chiwui ringkapha chi makhalei thada thei. Thuikahai atam liva kachot kachang samphang lala Proholi phaningda ringpha kashapla thai, kha atam naodava chi matharar thumana. Athumla Israelnao katha ngasa haowa. Red Sea makan kahaiwui thili athumwui khamathan chi malai haida Vare kala Mosesli complain sapam haowa.

Mikumona khiwui vang hithada ning ngacheithak haokhala? Hi athumna phasawui wuklung phonhaida kajina. 'Phasa' kajiwui mangla kakhalat lei. Chiya manglawui apong makhaning hili phasa hoi. 'Mangla' kaji hiya kasa akhava Vare wuili khaleina. Kha phasa kajiwui apong hiya shimanra, makhao ngasakra kala kashimanli vatangra. Ain makhangava kala makhamashung hikathatha hiya phasawui apongna. Hithada phasawui apongli kazat binga mamathantrar mana. Kala ning ngachei kathakwui khangacha chi leihaoda apong kachivali Satanna reonganao chinga.

Pao kazata Paulli paokapha hakashokwui vang kashaola shaomi kala phatop lila tuksanga. Kha ana wuk makhanangla

Vareli maso chikat kashap eina thangkhava neina nganukta phatopwui khamong chila shoser haowa. Laga hiwui otshot manga eina mashitkasanga mi kachungkhali ana pao hashoka. Hithada shitkasanga mibingli hanga, "Atam kachida Proholi ringkharum vang mathan chinglu. Ina hangluishitli mathanlu! Nathumwui jami kathei chi mi kachivali chitheilu, Proho raki kaji nganailak haira. Khi otkhawui vang malung maring alu, kha ningkashi eina ngasoda nathumna khavatvat chiwui vang Vareli seiha sada polu" (Philippinao 4:4-6).

Nathumna kachot kachang samkaphang tharan Paul thada khiwui vang ningkashiwui seiha masamara khala? Chithakha Vare ningyang ungda nathumwui seiha kasala ngahanka mira kala kapha otla samira.

Manglawui khamathan athei khamathei

Yaronshap atamli Davidna awui yurwui vang rai khangararli zanga. Rai kachungkhali ana saman samphanga. Awunga Saulli makapha manglana reokhanganao atam tharan ana talla khongda ning ringpha ngasaka. Ana awungawui kahang makailak mana. Kha Davidna otram ngatha khami chi awunga Saullna ningyang maung mana, kaja ali yuishi haowa. Mi saikorana Davidli mayangai haoda awui wungram chi khuithui haora chida Saulna ning kharik pama. Chiwui vang Davidli sathat khavai kharomthui haowa.

Hitha haoda ana awungawui eina yamzata. Thalala Davidna ning kachot maleilakla Vareli masot mishapa. Laali awui shitkasang tui hithada kapihai.

"Proho ili homkhamena, ina mavatlak mara.
Ana ili seizat katim pamli ngayaipi ngasaka,
Nimshimri kahai tara pamli thanvami.
Ana iwui mangla shirinlui shita, awui
mingwui vang khamashung
khangarong shongfali thanzata.
Ina kathi khayali yaothuizatlala,
Makapha kaho chili mangachee mana,
Kaja nana ili ngasomi, nawui lichei kala
khamshui eina ili ninglum ngasaka.
Iwui yanggashe bingwui mangali
Kasha kaza nana ili ngaranmi,
Ikuili nana thao neomi, iwui tengkot
pemtha ngasaka.
Khamahaila, lukhamashanla iwui mirin
makahatlakla iwui sachingra.
Kala katang mavaila Prohowui
shimli ina okthuira"
(Laa 23:1-6)

Davidwui shongfa chi kashat khalei pamli kazat thalala ana

ning masuitalak mana. Kala Vareli ana shitkasang mangacheilak mana. Awui wuklungwui khamathan chila khi khikhana makhui thuirarlak mana. Hithada Davidna khamathanwui athei mathei kashap mi akha ngasai.

Ina Proholi khuisangda zingkum hangmatida akhawui thili iwui khamathan masuitalak mana. Thangkachida ina ningkashi eina okthui shapa. Iva zingkum shini kazat kachungkha kazada leikasana kha Varena sakhashida raimi. Chili ina ngalanda vareshi ngasada shim kasawui ot kasali vazang haowa. Chili phakhamei otla samphanga kha Sunday zimiksholi ngasamkhui khavai ina ot chi kapangkhui haowa.

Ngathor pung mati kata kachivali ina seiha kasali vazang chinga. Chiwui eina iwui zat khuiphungda otpamli vai. Bus eina pung akha makhai zata. Chili mangasam lakla ot sathai. Ara phaningkha chotkachang khata. Iva kaza haida chikatha ot masalak kasana; chiwui vang hikatha ot kasa hi I teokha kachot maningmana.

Chiwui eina ngaya pung tharali shim han-unga. Pheipang pheokhui, zat zada Bible pai kala mapirang lakha seiha sakhui khui chi. Ipreiva nala miwui khamongli vada khi mamei yorzata kha iwui kazatli zangkahai pheisa chi runkhavai awui ot chinala mishap thuwa. Hithada ina leiman kachungkha zanglala marakhali ina mathan thathup mili pao hashok zata.

Vare ringda lei! Ili yanglu! da mili hangshapa. Kaja iva kazat kazada thinanai leikasana. Ara Varewui pangshap manga eina ili raimida phasala phahaowa.

Kachangkhat eina hangsa chikha iwui mirinva chotlaka kha ili Varena kathiwui eina kankhami chi theida maningshisa kaji mararmana. Himang maningla iwui wuklungli kazingramwui kachihan chi leichinga. Ina pastor akha ngasakhavai Varewui akhon shakahaiwui thilila mikumona maphung kharar kachot kachang kachungkhala samphang luishita. Kha china ili ning masuita ngasakrar mana.

Hi kathada sashap haokhala? Hi ina apong kachivali Vareli yangkada ningkashiwui seiha sakashapwui eina kharana. Himang maningla ina Vareli khokharum kachivali mi bingwui vang seiha sami kashapwui einala pangshap ngasai. Hithada shitkasang suita kahai bingwui, okathui ngalei kachivali crusade sakazatwui kala church haksang reikasangwui vang ina seiha sada Vareli masotla michinga. Hithada ningkashiwui apong kali leikhala da kapha hi iwui ringkapha ngasai.

Varena ili lumashanda apong kachungkhali somi kala ina chi theida maningshisa marar mana. Khikha kasak atamli ning chota Vareli maningshithei sakha arui iwui mathan kashapwui panshap hi maleisa mara.

Nathumna khamathanwui athei hi matheingaikha

Rimeithuida phasawui apongli mazang phalung mara.

Ithumwui ningli kakharam kala yuikashi kaho hi maleikha miwui khamahai mirin chi theida ithum nala ringpha shapa. Kha ithumli kakharam kala yuikashi leihaikha miwui khangazan apong chi theilala ngachonmira kaji maphaning mana. Kala mina chuimeida vakahai tharan khalatawui masakathuk chi theida kaphaning kakai shoka.

Malung khavat kaji hi maleikha mina ithumli sashida salala ning chingrihai shapa. Kha phasawui apongli kazat tharan kaphaning kakai shoka. Hithada phasawui apong hina ithumli chotngasaka. Khalata kanna khavai apong mangli phazata ning chingri kahai masamphanglak mana.

Ithumli phasawui khangcha hi leikahai tharan Satanna reonganaoda ning mamathanrar mana. Hithada phasawui apong leida leilaga eina tangda mangla apong malei mada Vareli machihanrar mana. Kha Vareli kachihan binga zakhavai khikha maleilala mathanshapa. Marama Varewui wungram kala Awui khamashung khangarong chili pharifalu chiwui eina nathumwui khavat katonga ngarumsang mirada hangda lei (Matthew 6:31-33).

Shitkasang khalei binga kashoshok ot kachiva seiha kala ningkashi eina ngasoda Varewui pangli misang shapa. Athumna kazing wungram kala khamashung khangarong chili phai. Business kasa mi bingli eina tangda Mangla Katharana thanmida sokhami kachungkha samphangra. Kha Vareli kachihan makhalei binga khalatawui vang mang phaningda ning yaoya hai. Kakharam kala kakhang makhalei hina maram sada Mangla Katharawui akhonla mashamana kala kasasak ot kachungkha athumna samphanga. Hithada ithumna khamathan kaji hi matheirar mana; hi phasawui apongli zatkahai wui vang kharana. Kha ithumna phasawui apong chi katavali horhaishapkha atam kachivali Vareli ningshida mathanshapra.

Kakhaneli apong kachivali Mangla Katharali shur phalungra.
Ithumna phada khalei hi kazingramwui eina khara Mangla Katharawui khamathan china, okathuiwui khamathan chi maning mana. Ithumwui wuklungli Mangla Kathara leida leilaga eina tangda ithumna mathanshapra. Mataimei kharda ithumna Vareli wuklung eina masot mida seiha salaga Ali khokharum tharan khamathan hi ithumli leira.

Kala Mangla Katharawui manga eina ithumwui khangazan hi theida mashungkhui mamankha khamathan shoka. Kala ithumna kathara mi akha ngasa kahai tharan khamathan hi lei. Varena khami khamathan hi eina okathuiwui khamathan khani hi machansampai mana. Kala Varewui khamathan hiya khi khikhana makhui thuirar mana.

Thang thangwui ot athishurda ithumna phasa maningkha Mangla Katharali shurkhavai sai. Ithumna apong kachivali Manglali shurda leikha mathan shapra. 3 John 1:4 li hanga, "Ivanaobing khamashung eina okthuida lei kaji paoli langmeida ringpha khamei maleilui mana." Hangkahai hithada ithumna khamashungwui ot kasa tharan Varena ningyang ungda Mangla Katharala mira.

Chancham sada miwui vangka maningkha iwui vang khala kachiwui ningphanin hi leihaikha khamathan shiman haora. Kala khalatawui vang kapangkhuida ot sakahai tharan sakhangaiva sakhui haira chira kha manglawui khamathan chiva maleirar mara. Kha kateiwui vang phaning mida ot kasa tharan kashiman thada theilala Mangla Katharawui manga eina mathanshapra. Hikatha khamathan hiya okathuina mamirar mana.

Nao mayara khaniwui khararchan akha lei. Khararpa china phaza kachida awui khongphei mapheo mana. Hithada agatopa china malung vata samatha chinga. Thangkhava agato pa china kachichawui khongphei pheosa da kahang tharan "Nana pheora dala" da ameipa china hangphungda awui roomli zanghaowa. Hithada masangailala agatopa china pheochinga.

Ana ashamei chi khongphei khongphang mapheothei phalung mana kaji thei. Chiwui vang eina agatopa china mathanthathup awui saranna chida pheochinga. Hithada ithumna kapha eina ot sakha Varena ngacheimi shapa. Thangkhava Varena ning ngacheimida "I yonhaira" kachi tui hangshokta "Aja eina thuida iwui khongphei in pheora" da hangshok ngasak pai.

Chancham hithada ithum nala phasawui apong mangli zathaikha mamashung mana. Kha ithumna miwui otram ngathakha mathanshapra.

Atam akhali nathumna mili bichar sada chingri kahai makhalei atam leisara kha naoda athumwui kapha chila theida nathum ning ngachei kahai tharan chingri haora. Miwui kaphaning eina ngateihang kahai mi bingli nathumna samkaphang tharan kathada phaning khala? Hikatha mili samphangaika masamphangai khala? Mashit kasanga mi bingwui vanga hikatha mili masamphangrar mana.

Kha Mangla Katharali kashura athum binga hikatha mili otram ngathami shapa. Hithada mi kateiwui vang phaningmida khalatali narhaishap kha (1 Corinthnao 15:31), chingri kahai kala khamathan chi rara. Kala ithumwui kaphaning eina ngateihang kahai mi chinala ithumwui mathanthathup kahai ning hiva mashiman ngasakrar mara.

Sunday meeting makaka mi akhali yaothuivasa da churchwui kathanna mi akhana nali hohaowa chisa, maningkha holiday maleida makhaleili pao kapha vahashoklu da nali kaso haowa chisa. Apong akhali ngasam khuingaira kala apong kateishongli hangsa chikha Varewui otna chikha chidala phaningra. Hili nawui ningkachang kapangpai kha ngachang maka mada pipamshon haikha chili ringkapha malei mana.

Nathumna Varewui ot sakha Mangla Katharana mathan ngasak chingra. Awui kathanli ithumna zatkha ithumwui wuklungla khangachei samphangda mathanching shapra. Hithada nathumna mathanda leilaga eina tangda nathumwui maisorla hormeikhar haora.

Kakathumali khamathan kala ningkashiwui athei yaophalungra.

Lui khavanao akhana atha yaoda akhar kharkahai atamli theishira chi samatha khami hi khangachana. Hi ngaraicha eina khamathanwui athei chila hatkhuisa chikha Vareli ningshi kathei hina apongna. Ithumna shitkasang khaleiya Varewui nao ngarana chikha mathan khavai maram kachungkha khaleina.

Rimeithuida khi khikhali mangathakhui kapai huikhami hiwui vang ithumna mathanra. Kapha Vareva Awui nao ngara bingwui vang kapha ot samida athumwui seihala ngahanka mi chinga kaji hila mamalai mara. Hithakha ithum kayakha ringkaphado! Ithumna Sunday kachivali meeting ka kala tithela michingkha zingkum peida khikha kala kashi masamphang mara. Kala ithumna morei masala Varewui ningkhami mayonda kazing wungramwui vang ot sakha Varewui sokhamila samphangra.

Ithumna kala kashi kala kachot kachang apong kachungkha samphanglala saikora chi ngavatashap khavai Biblewui lairik 66 hina ngachonmi. Khalatawui masa kathei eina problem leilala ithumna Vareli ning ngateikha lukhamashan samphangda pheokhamila pheomi. Hithada ithumwui thuikahai mirin chi ngashan-ungda Vareli ningshi kahavai maram kachungkha lei. Laga ithumna Ali ningshitheikha Ana apong kachungkha eina somishana.

Ithumli mikahai Varewui lukhamashan chi paida makhuisa. Chiwui vang ithumna ringphada Ali ningshi chingsa. Chithakha Vare nala ithumli ningshira. Chiwui eina ringkapha kala khamathanwui athei chi ithumli matheira.

Khamathanwui athei matheilala chap khangacha samkaphang

Ithumna khamathanwui athei mathei lala chotchangda chap khangacha marakhali leipai. Hili manglawui chap khangacha apong hoi.

Khareli ning khangateiwui chap khangacha lei. Morei sada kakhanang samkaphang hiya ithumna mamathanrar mana. Morei salaga mathanshapta leikha chi okathuina khami khamathanna. Ithumli chithada shokta leikha Vareli chapta ning ngateiki kajina. "Ina Vareli shitsangda leilaga kathada hikatha morei sahao? Prohowui lukhamashan kathada matheithu?' chida phaninglaga ning ngateiki kajina. Chiwui eina Varena shamida khamathan kachi chi rai. Laga Varewui khamathan chi samphang haira kaji eina ngavengkong kazingramli paizata khalei thadala shokra.

Kachot kachang samkaphangwui chap khangacha eina ning khangateiwui chap khangacha khani hi ngatei ngaroka. Mirinwui otshot chi phaningda mapenmada Vareli chapta ngakao kapam kaji hi phasawui chap khangachana. Hili morei pheomi khavai masala problem chiwui eina yamthui khavai sahaikha khamathan kaji hi masamphang mara. Kha nathumna ning khangateiwui vang chapta poda leikha moreila pheomida chiwui atheila samphangra. Chiwui eina nathumna kazingramwui khamathan athei chi matheira.

Mathangli kathi kasarwui chap khangacha lei. Hiya khamashungwui chap khangachana. Hikatha kashok atamli nathumna Varewui wungram haksang khavai thuklak eina seiha saki kajina. Hikathawui chap khangacha hiya Varena ningyang unga. Kala hikathawui chap khangacha hina wuklungwui khamathan chi makhuithuirar mana, laga chapngachai kaji mana kha Vareli ningkashi kala masotla mishapa.

Atam kasangkhawui thili church kala kazing wungram vang panglak eina ot sakasa mi akhana kazingramli panda khalei awui shim Varena ili chitheimiya. Awui shim chiya aman kasaka ngalung kala sina mangna sai. Ana ringda leilaga kazing wungram kala manglawui vang lungsanglak eina ot sakasana. Hithada ana sakahai ot chiwui vang Varena kazingramli somi.

Apong kachivali 'ya' chida kaphali kashur

Varena Adam kasem tharan awui wuklungli mathan kashap ningpam sangmi. Awui khathan chi aruihon ithumna samphangda khalei khamathan hi maningmana.

Adamli phasawui apong hi maleimana kha manglawui mi sahaoda ali khamathan maningla katei maleisa mana. Chiwui vang eina khamathanwui aman kasak chi ana matheirar thumana. Marama kakaza mi akhana phasawui aman kasak chi katheina. Langmeida kachama mi china kashang mirinwui aman kasak chi thei.

Adamna kachot kachang kaho hi masamphanglak thumada ringkapha mirinwui maramli khikha matheilak mana. Ana Eden Yamkuili katang makhavaiwui mirinli okthui lala ringkapha kaji hi matheilak mana. Kha ana yamkuiwui thingthei chi shaikahai tharan phasa kahowui apong chi ali razangda khangachawui ringkapha chi shimanser haowa. Chiwui eina kachot kachang, chara kata, wukakhanang kala ringkashi saikora hi ana kathei samphang haowa.

Hithada sada Adamna shiman kahai manglawui khamathan chi ara ithumna phakhuiluishit kajili tahaowa. Hi samphang khavai ithumwui makapha saikora horhaida Mangla Katharawui ningkachang chili shurda atam kachivali Vareli ningshitheira. Hili ithumna 'ya' chitheida kapha ot sakha khamathanwui athei chi mathei.

Adamna Eden Yamkuili pankasa thada masala ara hiwui khamathan hi ithumna akha eina akha khangasik leingaroklaga semkhuira. Wuklungwui khamathan hiya khipakhana mangapai khuirar mana kala mangachei mana. Hithada kazingramli samphangki kaji ringkapha chi ithumna okathui lila samphang kahaina. Ithumwui okathui mirin hi ngachang hailaga kazingramli vaura kaji hi kayakha ringkapha khala?

Luke 17:21li hanghai, "...'yanglu, hili leili, chili leili' da mahang mara; kaja yanglu, Vare wungram chi nathumwui alungli lei." Nathum saikorana khamathanwui athei matheiserda kazingramwui khamathan chi okathui hili khamazap samphang ranu.

Hebrewnao 12:14

"Mi kachivali chingri eina ngasopamda kathar eina okthuilu, chi maningkha Proholi khipakha kathei masamphang mara."

Chapter 4

Chingri kahai

Chingri kahaiwui athei
Chingri kahaiwui athei khamathei
Kapha tuimatuiwui kankhana
Miwui theikakhui eina chakhamaja
Wuklungli khamashung chingri kahai
Chingri khangasaka bingwui sokhami

Chingri kahai

Machili khi ot mamei zangkhala kaji hi mikna matheirar mana. Kha ithumna chi tarali kasang tharan tara chi machi tumser haowa. Machi hiya kahang otli shikachina. Chili zangda khalei micro-element chi teolaka kha phasa phakhavai maram kachungkha zangda lei.

Machi hina ot kachungkhali shaipha khangasak thada Varena ithumwui mirin chikat ngasakngai kala chiwui eina mi kachungkhali chingri ngasakngai. Ara ithumna Mangla Katharawui athei ngachaili chingri kahai hi yangsa.

Chingri kahaiwui athei

Vareshina chi lala mi kachungkhana khalatawui kanna khavai maram phangarokta chingri kahai maleimana. Athumwui theikakhui china mashung phalunga chida mi kateili mangana sangmi mana. Mi chungkhameina khikha maramli mayangarok hailala complain sapama. Langmeida athuma miwui kapha maram matheila khangazan chimang theida mashat nganao pamra. Kala mi machangarok khavai khimamei matuisangra.

Athumwui ngalemli kapam hiya kashat ngalemli kapam thada chingri kahai masamphang mana. Hithada chingri kahai makhalei pamli problem, kachot kachang kala kashui kachungkha leiya. Chingri kahai maleikha ngalei kala shimkhurla khonzar papama.

Cinemali hero kala heroine mang maningla kateila darkar sai. Organization kachivala hithai. Ot kateo kahak mataila ichichana sakhangayi chi sada organization run kasana. Kaikhana iva 'hakhamei pamkhongli pama' chida malangsopai mana. Akha eina akha ngachonmi ngarokta ot katonga kupsang khavai saki kajina.

Romnao 12:18li hanga, "Mi saikorali mashitri eina okthuirum khavai kashap eina tangda salu." Kala Hebrewnao 12:14 lila hithada kapihai, "Mi kachivali chingri eina ngasopamda kathar eina okthuilu, chi maningkha Proholi khipakha kathei masamphang mara."

Hili 'chingri kahai' tui hi makhamashung apongli mi kaikhana ngateida phaning lala athumli mashitri eina khuikhami hili kahangna. Chingri kahai hiya mili ringpha khangasakwui apongna. Kala hiya maya khangarokwui tuina. Hiya michang kasawui tui maningmana. Hiya mili mamayangai mana chida makapha kasa kala makhamaya kasa tui maningmana.

Varewui nao ngara binga preigahar, naongara kala khongnainao bing mangli maningla mi kachivali chingrihai khavai sai. Athuma athumwui kacha mimangli maningla makacha mili eina tangda kala athumwui kasak atam chila theimida ngachonmilaga chingrihai ngasaka. Church alungli chingri kahai leikhavai hotkhana hi khamataiyana. Chingri kahai maleikha Varena ot masapai mana. Chingri kahai makhalei hi Satanli apong khamina. Chingri kahai hi maleikha ithumna ot kachungkha salala mina matheimi mara.

Haokaphok 26li mina makapha salala Isaacna athumli kapha eina sada chingrihai khavai hotnai. Hi Issacna zat katang chamrei rahaida Philistine naobingli khava atamli kathei samphanga. Ali Varena somida shakei lan kachungkha ngarumsangmi. Hili Philistine naobingna ali ynishida awui rakhong saikora ngalei eina saphinva miser haowa.

Apam chili kazing mathada maro mana. Chiwui vang rakhong hi mirinwui khamataiya apong akha ngasai. Kha chiwui vang Isaacna athumli mangayatpam mana. Ana rakhong kadhar khonkhui luishita. Laga chotlak eina khonkakhui rakhong bing chi athumna rangapaikhui khavai hotnana chi. Kha ana mangayat pamla athumli mihailaga apam kateili rakhong kadhar vakhonkhui khui chi.

Hithada kachungkha shida shoka, kha athumli kapha eina sada ana khava vali Varena somi. Philistine nao bingna hi theida ali Varena ngaso khamina kaji theikakhui leihaoda naodava ali mahap khano thuwa. Isaacna athumli ngayatpam haikha yangkashiya sathuida athumwui ngalei chiwui ena kasham haira sara. Hithada Isaacna kapha otmang kasa eina athumwui ngachaili chingri kahai samphanga.

Ithumna hithada chingri kahai leikha Varena singmida ot katongali khamahai samphangasaka. Ara ithumna kathada chingri kahaiwui athei matheira khala?

Chingri kahaiwui athei khamathei

Rimeithuida ithumna Vareli chingri kahai leiphalungra.

Vareli chingri kahai leikhavai khamataiya akha chiya moreiwui phaklang maleingasak phalung mara. Adamna kahang kaida mashailu kaji thingthei chi shai kahai eina a ngathumthui haowa (Haokaphok 3:8). Ridava ahi Vareli nganailak eina zatsai, kha ara Awui eina tathuida khangacheewui ningpam razang haowa. Hi moreina maram sada Vareli chingri kahai leikashi chi kai kahai wui vang eina kharana.

Hi ithum lila ngaraichai. Ithumna khamashung ot sakha Vareli chingri kahai leida ning nganung khung hai. Kha hikatha chingri kahai hi leiphalungsa chikha makapha kala morei hi horhaida wuklung tharlak eina haiphalungra. Hithakha mapung maphalala shitkasang eina khamashungwui apongli zanghaoda chingri kahai samphang mamanra. Haokaphokli ithumna mapung kapha chingri kahaiva masamphangrar mana, kha shitkasangwui alungli hotkhana eina samphangki kajina.

Mikumo ithumwui ngachaili chingri kahai hi leingasaksa chilala rimeithuida Vareli leiphalungra. Chingri kahai samphang khavaina chida makhamashung apong eina masalaki kajina. Kha Varewui ningkachang eina saki kajina.

Chancham sada mi bingli mashit khavaina chida meomali khorum haikha kala Sunday mamayon thukha china khira chi?

Chi kasa eina mi chakhangarok leipa kha Varewui mikta liya morei sakahaina. Morei salaga chingri kahai khuira khavai hiya mamaya mana. Meeting makala ngasotnaowui shakaza kathali vazangthui kahai kaji hi Vare eina ithumwui ngachaili khalei chingri kahai sakakhaina.

Mikumoli chingri kahai leingasaksa chikha rimeithuida Vareli chingri kahai leiphalungra. Hithada sakha Varena Satanwui kaphaning sakhaida mi bingwui kaphaning ngachemi laga hi eina chingri kahai rai. Chansam 16:7li hanghai, "Miwui otsakna Proholi ringpha khangasak tharan, awui yanggasheli eina tangda mashit ngasaka."

Marakhali ithumna kapha salaga mi kaikhana nganang khavai kasa kaji hi khangachana. Hili ithumna nganingtitkha naoda Varena ot sathui haora. David eina awunga Saulla hina. Yuishi haoda awungara Davidli sathat khavai hotnai kha Davidna khanao eina tangda kapha eina ngahankami. Ana awungali sathat khavai chance kachungkha samphanglala Varewui kaphaning maning mana chida chi masa mana. Naoda awui kapha kasa manga eina ana wungpam khong chi samphang haowa.

Kakhaneli ithumwui ngachaili chingri khavai saphalungra.

Chingri kahai samphangsa chikha makaphawui ot masaphalung mara. Ithumwui wuklungli makapha leida leilaga eina tangda apong kachivali chingri kahai maleipai mana. Ot kasali athei mathei haowada ithumli makapha malei mana chida phaninglapai. Ning yaoya kahai tharan ringpha shapla? Chingri kahai hiya khamashung kala kapha ot kasa manga mang eina kharana.

Kaikhana Vareli ningyang ungkhavai salala chingri kahai maleimana chida khamatui mi leira. Hi khiwui vangkhala chilaga khalatawui mashun phathui kahai einana.

Chancham sada Varewui tui chungmeida sha ning rotmarat maman chira. Jobli chang mayang ranglakha ana seiha thuklak eina salaga okthui kasa thada mi kaikha nala chithada sai kha athuma Vareli leikashi eina ngasoda makasa vang athumwui kachihan maungshung thumana. Athuma tandi masamphang khangai vang ngacheeda Varewui tui kashur ngasai. Kha ningtongda kala tui chili shurngai rareo eina kasa maningthuda athumli chingri kahai maleimana.

Hikatha hi kayakha kachotna chisido! Athumwui khamathan kala ringkapha chi shiman kahaina. Chiwui eina khalatawui mashun mang phathui kahai eina athumna wukakhanang samphanga. Hikatha mirinli okthuida leikha ain mayon khavai masala Varewui leikashi chi rilak eina phathaki kajina. Kaja mi akhana chingri kahai samphangga chikha rilak eina Varewui leikashi chi theiphalungra.

Hili chancham katei akhala lei. Mi kaikhana ningphanin mamashung mada chingri kahai masam kaphangna. Athumna kapha ot kasali athumwui ningrin akha ungshung khavai zanghaowa; chieina chingri kahai makhaleina. Hithada Vareli chihan maman kaphaning kaithui haowa. "Mina kapha masakha ina kathada sashonra khala?" chida nganurthui haowa.

Hikatha mibing hi angangnaoli mamalaipai mana. Ava mangli kaphaning angangnaowui ning chi pailaka. Athumna kakai katek ot sahailala ngathum kahai masa mana kha avali rahang shoka. 'Yonhaira, chithada masalui mara' da rakahang eina malung vatlak eina leikasa avawui ning chila ngachei haowa.

Chikatha makapha ot chi shoklui shoklui machi khavai sara. Hithada nathumna makapha ot chi masalui mara chikha khiwui vang Varena Awui mai ngareithui haora khala? Ning ngateichaoka chikha miwui tui malei mana. Ning ngatei hailala mashunwui ot kasa liya kachot kachang samkaphang kapa. Kha Varewui ot kasali zangphalungra chikha kachot kachang kala mana matui khara chinala khikha maning mana. Chili 'ya' chishapra.

Pheomiraka mapheomi rakhala chida ningmaong kapam hi Varena ningyang ma-ung mana. Moreiwui eina yamshokta ning ngateichaokha Varena pheomira. Kala morei pheomi kahaiwui thili chang khayang ralala nathumna chili mathanthathup eina khuida chang khayang chi sokhami ngasathui haora.

Varena ithumli leishilaka. Chiwui vang eina ithumna ning ngacheikha Ana ithumli mapung phangasakra. Ithumna nemlak kahai apamli leisalala khangka khamiya chi Varena da shitsangsa. Kapha ot kasali mina theimi khavai mangarai khara chi masamara. Kha ithumna khamashung eina ot sada ngaraipamkha phasa mangla khanini sokhami kala chingri kahai ngasara.

Kakathumali mi kachivali chingri haiphalungra.
Ithumwui ngachaili chingri kahai leingasaksa chikha chikat kashap mi ngasara. Ithumwui mirin eina tangda mi kateiwui vang chikatmi khavai saphalungra. "Thang kachi ina thiya" da Paulna hanga, kala hangkahai hithada ithum khalatawui maram mang maphaningla kateiwui vang ot sara.
Chingrihai khavai kasali malangso mana. Malung khanim eina sada kateili masot mitheiki kajina. Michang masapai mana kala mi kateiwui kaphaningla theimira. Ithum khalatawui theikakhui eina bichar masapai mana. Ithumwui kaphaning chi mashungsa lapai maningkha kateiwui eina phameisa lapai kha chithalala mi bingwui theikakhui chi khikhala kaji theida ot sara.
Hiwui kakhalatva morei kasali mayasa kaji maning mana. Kala athumli shurda makapha kala makhamashung ot sathui haosa kajila maningmana. Atam kacha yangda leikashi eina athumli mashungkhui khavai sara. Hithada ithumna kapha eina sashapkha chingri kahai samphanga.

Companyli ot kasa mi akhana chiwui rule chi mamashung mana chida awui sakhangangai sathui haikha khi shokra khala? Ana sada khalei chi mashunga da phaningsa lapai, kha mi kateina ngateida khuihaipai. Hiwui kakhalatva mi bingna makhamashung apongli zata leilala khamashung apong eina athumli athumli thanra.

Apam ngatateida rarka haokida mi kachivawui theikakhui ngateiya. Hithada ithumwui awor kala shitkasangla ngatei. Chiwui vang eina mashunga kala mamashung mana kaji hi kachichawui theikakhui eina bichar sangarok haowa. Hithada kaikhana ot akha hi mashunga kala mi kateina mamashung mana kaji hiya khngachana.

Chancham sada pareigahar maramli yangsa. Gahara chiya shim samatha chinga kha apreiva ci matha mana; makhaotot eina kapam mina. Haokaphok liya gahara china kakhang eina ngasoda shim chi samathai. Kha saching kahai einava ala malung kanghaowa. Thalala apreiva chi shim sakhamathawui maramli makathei mina da ana khui, kala 'kasak otla maninglaga hili masa katheiva' dala hang.

Marakha liya apreiva chinala mamaya khangaila leipapamda leira. Kaja 'Ina masatheikha ana saphalung rana khiwui vang complain sapam hao khala? Ini maungshungrang lakhava ot chungkhemi ana sara chilaga otnao hiwui vang eina ili malung thuidava' chida phaninga. Hithada ani khani nganing ngarok haikha chingri kahai makhuirapai mana.

Ithumna Vareli ot kachikatli chinao ngarali mamaya khangarok rida tharkhui haifalu da Jesuna tamchithei (Matthew

5:23-24). Hithada chinao ngara bingna maya ngarok kahai atamli Varena athumwui kachikat ot chila khuimi.

Vareli chingri kahai leikahai athuma mi katei lila leishapa. Athumwui wuklungli mikpai kashi, kakharam kala langkaso hikatha thahi malei thuda mili macha khangai maleimana. Kala athuma mina makapha salala kachikatwui ningai leihaoda makapha kasa bingli chingrihai khavai sashapa.

Kapha tuimatuiwui kankhana

Chingri kahai leikhavai ithumna saki kaji ot kha lei. Chiya kapha tui matui phalungra. Chansam 16:24li hanghai, "Kashim tui khuira thai, manglali shimngasaka, phasa phangasaka." Hithada kapha tuimatui hina mili ringpha ngasaka. Hiya phasa phakhavai ari kathana.

Makapha hina chingri kahai maleipai mana. Awunga Solomonwui nao mayara Rehoboamna awunga sakahai tharan Israel prajana athumwui otphun kha ngavengasak milu da poi. Awungana ngahankai, "Ishavana nathumli ot kharit phungasaka, ina mataisang ngasakra. Ana lichei eina shaowa, ina khamshui eina katangra" (2 Thorinchan10:14). Hiwui tuimatui hina awunga eina praja tangarok haida naolak eina ngalei chi akhum khani shokta kaithui haowa.

Mikumowui male hi teolak lala pangshap leilaka. Hiya

meiwon thada chuida ot kachungkha shiman ngasak shapa. Chiwui vang James 3:6li hithada kapihai, "Malei hi mei kathana. Okathui hili male hina khayon otmang sai, kala phasa akai sada phasa katongali mapha ngasak mana. Kazeiramwui mei chi thotsangda mirin chuita ngasaka." Also, Chansam 18:21 lila hanga, "Kathila kharingla malewui pangshapli lei, chili leikashi bingna chiwui athei samphangra."

Matailak eina Satanna makapha tuimatui hieina ot kachungkha sai. Maringkaphawui ningai kala chiwui eina kashok otsak khani hi ngatei. Muk likli akha singkapam eina chiwui asham khuishoklaga singkapamwui khangatei kathana. Nathumna muk chi heithakha mi bingli chakrora.

Nathumna Varewui otram khangathali ning makacha eina complain sakhangarokla shokra. Nathumli khamaya binga tui ngaraichada matuira. Hithada mi mataisang maman Satanwui synagogue ngasathui haowa. Chi eina churchli chingri kahai maleimada reikasangla ngasam haowa. Chiwui vang eina nganakazaklaga tui matuida 'ya' chithei phalungra (Ephesianao 4:29). Makaphawui tuimatui eina tangda ithumna manganaki kajina.

Miwui theikakhui eina chakhamaja

Kakhaneli nathumli makhamaya bingli ngateihang eina makhuipai mana. Athumwui otsak chi katha kachanglak khala chida chukmaja kajaki kajina. Marakha liya chingri kahai makhalei hi nathumwui maram eina ngasapai.

Nathumwui tuimatui makacha eina mili ning chotngasakpai. Kala 'Iva mili khayon masa lagava' chida nganing ching haikha mayakhangarok maleilak mara. Atam hitharan nathumhi chingrihai khangasaka mina kaji mamalaipai mana.

Kathanna akhana 'iva kapha sai' chilaga ayaonao bingna yaoya kahaila lei. Akhavana chi haoda khi tuikha mahang khaleng mana. Hikatha hiya chotlaka kala ningla saza laka.

Chosun Dynasty Hwang Hee Prime Ministerwui khararchan akha lei. Ana simuk khani eina lui khuida khalei awui raoli thei. Minister china, 'simuk khani chi kachipana pangmei khala?' da vangahana. Lui khavanao china ministerpa chili luipamwui eina kha tada khuivalaga 'kazik machupa hiya ngachang shilaka kha yellow pana pangda ot sai' da vahanga. 'Ili khiwui vang apam hili khuiralaga tui chi hanghao khala?' chida ministerpa china hanga. Lui khavanaopa china 'makapha tui khamatui hiya sa nala manganangai mana' chida ngahankai. Chiwui eina Hwang Hee kachungkha tamkhui haowa.

Lui khavanao china kahang tui chi simuk khani china shakha khi shokra khala? Yellow simukpa chi langsothui haora kala kazika simukpa chiva yuishida ngachangla shimei haora.

Khararchan hiwui eina tamkakhui hithada ithumna makapha kala michang masa phalungki kajina. Michang sakha yuikashi kala langkaso shoka. Chancham sada mi kachungkhawui mangali mi akha mangli nathumna sot masaopam haikha mamaya khangai mi shokphalung haora. Hikatha problem hi mashok khavai nathum ningashar phalungra.

Michang kasa eina mi kachungkha kachot kachang samphangaroka kala athumla mili chithpapam haida mi katei nala kachot samphang papama. Ithuma hikatha masaphalung mara; hina khon kazar kachungkha shokngasakpai.

Wuklungli khamashung chingri kahai

Khamashunga chingri kahai hiya wuklungli haokaphokna. Hithada hangai. Vareli chingri kahai maleikharar bingla hunakhawui vangva mi kateili chingri eina ngaso shapa. Shitkasanga mina chihaoda miwui kaphaning theimida otla kachungkha sami shapa. Hikatha ot sahaoda athumna kapha ot sahaira; chingri kahaiwui otsak chi hilaka da athumna phaninga. Hi maning mana. Manglawui athei hiya ayarli maningla wuklungli khamatheina.

Chancham sada mi akhali mamaya khangai hi otsak eina machithei mana. Kha kakhang eina ali phap takhavai sai kala otramla ngatha khavai hotnai. Thalala mipa china phap matalak thuwa chihaosa.

Malungva vat haowa. Chiwui eina malung khavatva machitheila mipa chiwui maramli mamaya khangai tui matuiphoka; awui makapha chila mili chithei zata. Khangkhamina chida mipa chi liya mai eina mai khararchan sakhangarokva maleima. Kha mamaya khangaiva pemhaoda mipa chili masamphangai kala otla masangarum ngai. Hithada mipa chili takhangai tathuida mashit khangarok maleila pamhaipai.

Hikatha hi ayar liva khikha makhalei thalaga alungshonga mei thada chui khangarokna. Mipa chiwui theikakhui chili mamaya mara kala awui ngalem lila mapamngai mara. Aliya khikha mahangla 'ava hithai kala chithai aja rashungda ina thada khang khami mana' chida mili hangzatra. Hi chingri kahai khuira khavai otsak maningmana.

Chingri kahai leingasaksa chikha mili ning tongchaoda otram ngathaki kajina. Ningwui makapen chi ngathum hailaga saki kaji maning mana. Otram ngathangai rareo sada mi bingli kapha samira.

Ningli bichar salaga ayarli mana kharek hi masaphalung mara. Miwui kaphaning chi phap tara. Hithakha Mangla Katharanala ot sara. Chiwui eina makhamashung katonga chitheida ning khangatei rara. Khalatawui makapha chi rathei haora chiwui eina phap ratangarokta chingri kahai leira.

Chingri khangasak bingwui sokhami

Vareli kala mibingli chingrihai khangasak athum binga chipeeli kashamshok kashapwui pangshap leiya. Kala athuma chingri kahai hi mavatlak mana. Matthew 5:9li "Chingri khangasak bing sokhami ngasaranu, khikhala jila athumli Varewui naongara hora" chida hangkahai thala athumna Vare kala kahorwui naona.

Chancham sada nathumna churchwui kathana akha sada mi bingli chingri okthui ngasak ngaiya chihaosa. Hi kathada sara khala chilaga Varewui tui kala chiwui pangshap manga mang eina athumli hangmazinlaga moreiwui maram chi hangchitheiki kajina. Hithada Satanwui makapha kala moreiwui khangcha chi sakhai kahai eina chingri kahai khuirapai.

John 12:24li kapihai, "Kachangkhat eina ina nathumli kahangna, mangumna ngaleilungli tazangda mathikha chithada leichinga, kha thihaikha mangum kachungkha mathei ngasaka." Jesuna A khalata chikatmi laga gehu atha thada thimi kala chiwui eina athei kachungkha matheimi. Ana thiukida leikasa mangla kachungkhali kanmida chingri kahai khuirami. Chiwui eina Ana awungawui Awunga kala prohowui Proho ngasa haowa.

Ithum nala miwui vang khalata chikatshap kha athei kachungkha hatkhuira. Jesuna kasa thada miwui vang chikatmi laga athei kachungkha hatkakhui hi Varewui ningkachangna. Jesuna John 15:8li hanga, "Hithada nathumwui athei tarakha khamathei china Ishavawui tekhamatei phongshoka, kala china nathum iwui sakhangatha bingna da chithei." Hangkahai hithada ithumla mi kachungkhali huikhamiwui shongfa chitheimi khavai sasa.

Hebrewnao 12:14li hanga, "Mi kachivali chingri eina ngasopamda kathar eina okthuilu, chi maningkha Proholi khipakha kathei masamphang mara." Nathumwui kaphaning chi mashunga chida nganingtit khavai sara kha mi bingna mamaya mada leikha chukmaja luishiki kajina. Nganingtit phalungra kaji hi Varewui ningkachang maning mana. Hithada chukmalaga ot kasa tharan kathara mi ngasapai kala chikatha mina Proholi theishapra. Akha eina akha leishi ngarokta mi kachungkhana Varewui nao ngasa ranu.

James 1:4

"Khangatar chi pangasaklu, chithakha nathum kashungchao haida kala peichao haida khikha khavat malei mara."

Hikathawi vang Ain Mavaimana

Chapter 5

Kakhang

Kachot makhangava kakhang
Kakhangwui athei
Awo ayi bingwui khangkathei
Kazing wungramli zangkhavai kakhang

Kakhang

Ringkapha kaji hi kakhangwui eina khara thada ithumna thei. Kakhang makhaleiwui ning makatun pareigahar, nao ngara, chinao ngara kala ngasotnao bingli leisera. Lairik katam, ot kasa kala lei kasali khamahai samkaphang hi kakhangwui atheina. Hithada kakhang kaji hi mirinli matailaka.

Mangla eina okathuiwui kakhang khani hi ngatei ngaroka. Mi bingna khangmi khangarok kaji hi okathuiwui apongna. Athumna ning maringkapha leihaikha makhang kharar shokapta lei. Marakha liya phakaza eina tangda ngasam kahaila ngavai. Hiwui eina ning yaoya kahai shoka. Ningli khangkapam hi mibing nava khangkatheina chilapai. Kha hi manglawui kakhang maning mana.

Kachot makhangava kakhang

Manglawui kakhang kaji hi kapha apongli khangkhami chili kahangna, makapha apongli khangkhami chi maning mana. Hithada kapha apongli khangkhami tharan kachot kachang kachungkha yuikhui shapra. Hina nathumli ning hakngasakra. Kha nathumna makapha otli khangkhami tharan ning maringkapha mataisangda naoda ngawo khaira.

Maram maleila nathumli mina makapha sahaowa chisa. Hili ning sazalak lala Varewui tui mingli khangki kajina. Mai hungping chitheida kakhang kaji hi masaphalung mara. Hithada khangkapam hina thangkha mathangkha zakashi shokpai. Hikatha hili manglawui khangkhami mahomana.

Manglawui khangkhami hiya ning maring kapha masamana. Mina khayon phenlala phap tayon haida kasana chida khuimi shapa. Nathumna hikatha wuklung hi leishapkha 'pheokhami' kala 'jakhami' darkar masamana. Chancham eina ina hangga.

Sikachang atamli thangngaya shailung eina tangda thaomei sharkapam shim akha thei. Katha haokhala chilaga shimkhurwui chiwui nao akha 40 °C (104 °F) eina tangda fever sakahaina. Nao chiwui avavana T-shirt chi tarali rurkhuida khaveili haimi. Kha nao china mamaya mada khuita ta chihaowa. Hithada nao china T-shirtwui khamakui chi maning changlala avavawui makali ringphalak pamkasa chi thei.

Hithada ngaya naoli yangpamthai lala avavali kachot mathei mana. Nao china awui pangli ringphalak eina pikhuida khalei chi theida ala ringphai. Kha nao chili kathada samida raingasaksi khala kaji chukhamajana chingri maji mana. Laga nao chi phamei kahai einava awui kachot malaiser haowa. Kakhang kaji hi hieina ngaraichai. Mi akhali leishi kachangkhata chikha khikha sakhamili makhangrar mana kaji maleimana. Hikatha hi manglawui khangkhami hoi.

Kakhangwui athei

1 Corinthnao chapter 13 hi leikashi samphang khavai kakhangwui maramli kakapina. Chiwui leikashi chiya khalatawui vang maphaning mana. Hithada miwui vang chukmaja khami kaji hi kakhang eina kharana.

Mangla Katharawui athei sada khamathei kakhang hina ot katonga tazak eina sapai. Ithumna Varewui wungram reisang khavai kala tharkhamatheng samphang khavai kasahi teokha kachot maningmana. Yang pangshap chishota ot kachungkha sada chap khangachala samkaphangna. Kha leikashi kala kakhang manga eina ithumna sashapa. Hikatha kakhang hi Mangla Katharawui eina kharaa. Hi hi apong kathum lei.

Rimeithuida miwui ning ngacheimi khavai khangkhami hina.
Wuklungli makapha leikha khangkhami hi chotlaka. Kateowa maram chili eina tangda makhangrar mara. Wuklungwui makapha chiya hina: malung vatkazar, ngakai kashi, kakharam kala khalata mashun ning khanganing.

Kachang kachida 15,000 US dollar samkaphang Vareshi mi akha lei. Kha marakhali teomeida samkaphangla leihaoda ana Vareli complain sai. Kha naodava awui wuklungli khalei kakharam chi eina complain kasana kachi theihaoda ana Vareli ning ngateiya.

Ithumna pheisa kachungkha matanthei lala samkaphang phang

chiwui vang Vareli ningshi theira. Hithada kakharam kaji hi makhalei tharan Varena ithumli somi.

Kha ithumli tharkhamatheng kaji hi leihaikha makhang kharar malei mara. Kasaka kala kachot atam lila thum thumda khangshapa. Kala kakhang manga eina mi lila phap tamishapa kala kapheola pheomi shapa.

Luke 8:15li hanga, "Ngalei katum pamli takazang bing chiya tuichi shakhuilaga ning kathar kala kahang khangana wuklung eina singtitta khanglaga athei kachungkha khamathei bing chi kathana." Ithumwui wuklungla ngalei katumpam thada sakha athei mamatheirang lakha eina tangda khangmi kida masak mana.

Ngalei katumpam kathawui wuklung hi semkhui khavai ithumna ot kachungkha saki kaji lei. Hiya wuklung dharngasak phalungra kajina. 'Kadhar' kaji hi ithumna thada ningchang haowa da masem khuipai mana. Ithumna kakhum eina seiha salaga kahang khangana manga eina shoki kajina. Ithumna sakasa ot bing chi manglali makanna vaimana chikha horhai phalungra. Kala hotna mamanlaga masapai thuwa chida mangasam haipai mana. Varewui tuili shurmamanda athei chi mahek khuirang eina tangda hotnaki kajina.

Shitkasangwui akatang chiya kazing wungramna, matailak eina New Jerusalemna. Apam hi mavashungrang lakha eina tangda ithumna kakhang eina ot sara.

Marakha liya Vareshi bingla tharkhamatheng samphang shilaka kaji shokpai. Athumna ayarwui makapha ot bing chi masa khavai sai, kha wuklung kala ningwui makapha chiya makatat-hai mana. Chiwui vang eina chi samphangshi haowa. Makapha kaji hiya angayung eina phutshoki kajina. Kala moreiwui khangacha hi katat phalungra chikha seihala sakchangda saphalungra.

I vareshi sathatharda leilaga Varewui tui kapa manga eina ngakai kashi, yushat yangshat kala ning makathar kaji hi mapha mana kaji theida hikatha hi katat-hai khavai yang eina hotna sai. Chili ina phasawui yang pangshap eina nganurda marar thuwa. Kha ina sakchangda seiha kasa tharan wuklungwui makapha chi mengthuiserda kadhar wuklung akha samphang haowa.

Ina malung vatkazar khamkahai eina kakhang hi tamkhuiya. Mina ili khayon kaphen tharan iwui ningli 'akha, khani, kathum, mati...' shanlaga iwui matui khanga chi mamatuishok mana. Hi sakhare liya chotlaka kha saman kaji eina malung khavat chi khamshap haowa. Chiwui eina apong kachivali khangmi kashap hi leihaowa.

Ina mangakaishi khavai kasa hi zingkum kathum zanga. Ina shitkasang nganuida leilaga ngakai kashi kaji hi khikhala kaji matheisa mana, 'chi maleingasak milu' da seiha mang sapam sai. Chiwui eina Varena lumashan mida ili ngazan khamei mi bingli eina tangda khaya shikashap wui pangshap mihaowa. Hiwui ningai eina naodava ina pastor kachungkhali otram ngathashapa. Hithada zingkum kathum seiha sara kahai einava iwui ngakai kashi chi maleithura kaji theihaoda chiwui vang seiha masaluilak thuwa.

Nathumna morei chi angayung eina makatat haikha ashon thada shonshok chingra. Hikatha hiya mi kaikhana makapha saikora horser haira chilaga makapha achamli kazat kathana. Hithada nathumna makapha chi ngayung eina maphutshok haikha nathumwui mirinli makhamashung leishonra.

Kha chithayi lala manglawui pheikar makakhuiva maning mana. Pyas hi akor kachungkha leiya kaji ithumna thei. Kha ithumna khokta maman kaji eina akor chi kuphaowa. Moreiwui khangacha chi hi eina ngarai. Sakhashili mahorhai kapai chida maphaning mara. Khanao eina tangda kakhang eina ngasoda sakchangda nganurki kajina.

Mi kaikhana Varewui tui athishurda ringlaga chamkot eina okthuiya chida maringpha mana. Kala kapha salaga chiwui athei khikha mathei mana chida athumna phaninga. Kaikhana meetingla kachinglaga khikha masamphang mana chida complainla sai. Hanglaksa chikha complain sakhavai maram makhaleina. Athumna makapha mirinli okthui ching haida Varewui sokhami chi masam kaphangna.

Athumna complain sakapam hiya shitkasangwui otsak maning mana. Kaja kapha kasali chot haowa kaji malei mana. Kapha sada leilaga eina tangda ringkaphana. Hithada shitkasang manga eina nathumna tharkhamatheng samphang haikha mirinli mahaira kala phasa kaphala samphangra.

Mikumona khangmi khangarok.
Apam ngateida rarkaka mi bingli khangaso atam tharan khimamei kachungkha kathei samphangra. Hithada Church hi miyur apam ngata teida khara mi bingna pamkhavai apam ngasai. Chiwui vang eina khi khikha shokpai, kateowa maram eina tangda mathada yangsanki kajina ithumna.

Mi kaikhana 'awui kaphaning hiya ithumwui kaphaning eina mangarai mana, ali ngasoda ot sashilaka' da kahang lei. Yanglu! Pareigahar eina tangda mamaya khangarok kayakha leilido? Athumwui ngatei khangarok kachungkha leilala mirin peida ngaso kapamna.

Tharkhamatheng kaji hiya kakhang eina samphangna. Kachot kachang atamla leira kala mamaya khangrok mila kachungkha samphangra. Chithalala jakhami eina khangpama. Hithada miwui kaphaning theimida athumwui kanna khavai otla sami. Makapha salala khangmi kala makapha chiwui vang kapha sami.

Ithumla paokapha hakashok kala churchwui mili tam

kachitheili khangkhami eina sai. Ina pastor sada leilaga mi kaikhava ning mangacheilak mana. Hithada athumna okathuiwui mirinli okthui kahai tharan ina chap ngachada manothai hailakla seiha sami. Thangkha mathangkha athumwui ning ngacheira sara da ina khangpama.

Churchwui minganing kasem tharan kakhang kachungkha zanga. Athumli iwui ningkachang eina ot masangasakpai mana. Ot makupsang mana chida athumli ina makhararpam mana. Athumna ot makuprang eina tangda ina khanga. Zingkum phanga, thara kala tharada phanga eina tangda zangasak laga athumli semkhui.

Mirinli athei makhamathei mang maningla makapha sakahai eina tangda ina jami kala khangmi. Hanglaksa chikha athumli otpamwui eina khuishok kahaina paimeithui kajina. Kha athumwui mangla chili yanghaoda khanao eina tangda ina khangpama. Kala hithada kasa hina kazing wungramla mapung phameida shokngasaka.

Hithada nathum nala kakhangwui athei yaozatkha Varewui mashun athishurda chiwui athei chi hatpa pamra. Mi kaikhawui ning mangacheirang eina tangda kakhang eina chara tada seiha samishapkha nathumwui wuklungli kapha mataisangra. Chiwui eina mangla kachungkhali mathotkhui kashapwui pangshapla samphangra. Seiha kasa manga eina mi bingwui wuklungla ngacheishapra. Kala mina khayon kaphen tharan khangmi kashap wui vang Varena apong kachungkha eina somira.

Kakathumali Vareli chingri kahai khalei.
Nathumwui seiha mangahan karang eina tangda khangphalungra. Mark 11:24li hanga, "Hiwui vang eina ina nathumli kahangna, seiha kasali nathumna kapopo chi samphang hairada shitsanglu, samphanglakra." Ithumna shitkasang leikha Biblewui 66 lairikli kapi kahai hi mayashapra. Chil ithumna kapo saikora samphangra da Varena ngashit-hai kala seiha kasali samphang sera dala hanghai.

Hiwui kakhalatva otva masala thada seiha salaga samphangra kachi maningmana. Ithumwui kapo chi samphang khavai Varewui tui athishurda ringki kajina. Chancham sada middle rankwui katamnao akhana first class katamnao ngasa khavai seiha sai. Kha classwui atam liya shingutzat-hao kala lairikla mapangai mana. Awui seiha kasa chi khuisangmirala? Ana first classwui katamnao ngasara chikha seihala pangda sa kala lairikla pa chiphalungra.

Business kasa lila hithai. Businesswui vang seihava panglak eina sai kha ningliva shimpam losang khavai kala khamatha car akha losang khavai hotnai. Hikatha seiha hi shamirala? Varena Awui naongara bingli ringpha ngasakngai kha chikatha kakharamwui seiha kasa chi ningyang ma-ung mana. Kha nathumna Varewui otram ngatha khavai kala kachamnao bingli nganao khavai khamashung eina seiha sakha Varena ngahanka mira.

Bibleli seiha kasa ngahanka mira da ngashit kahai kachungkha lei. Kha makhang kathei eina mi kachungkhana seiha sada pokahai chi masamphang mana. Kaikhana ngalangda ngahankami khavai chihana, kha Vareva atam kacha chi ngarai.

Varena theiser haokada Awui atamli seiha ngahanka khamina. Maram haklala kala teolala ning tongda kapo mi kachivali ngahankami. Danielna seiha kasa tharan Varena kazingrao chihorada ngalangda mangahankami mana. Kha kazingrao chili samkaphang zimiksho makada akha zanga. Zimiksho makada akha hi Danielna mangasamlakla Vareli seiha sapama. Hithada ithumwui kapo chi milakra da shitsangkha mangarairar mana kaji malei mara. Ithumwui problem ngavata haora kaji phaningda ringphala eina honpamki kajina.

Seiha sahailaga chiwui ngahanka khami mangarairar mana kaji mi sorngasaiya. Kakhum eina seiha sada pohailaga ngalangda masamkaphang eina Varena mashakhami lapai chithui seiha kasa ngasam haowa.

Ithumna ningtongda pokachang haikha mngahanka mirang eina tangda ngarai pamra. Aja lapai, akhama lapai, kachang akhawui thili lapa maningkha zingkum akha zanglapai ithumna kakhang eina ngarai pamki kajina. Atam kacha chi Vare mangna katheina.

James 1:6-8li kapihai, "Seiha kasa chitharan shitsangda ningkhamaong maleila pophalungra; khikhala jila ningkhamaong a chiya masina phan-ung phanvada khangaphao yireiwui rawon kathana. Chikatha mi china Prohowui eina khikha samphangrada maphaning ranu. Kaja a chiya ning khani sada otsak kachida hilaka kaji makhalei mina."

Khamataiyava ithumna kayakha shitsangda seiha sakhala kaji hina. Ithumna kapo chi samphang haira chida shitsang shapkha atam kachivali ringkapha eina honra. Samphang phalungra kachiwui shitkasang leishapkha masamphangrang lakha eina tangda seihala sashapra. Hithada Varewui luiram liya saikora hi kakhangwui ot sera.

Awo ayi bingwui khangkathei

Marathone raceli kazanghi saklaka kala chotlaka. Kha khangasamwui atazan chi vashung kahai einava ringkapha hangkhavai malei thumana. Hiwui ringkapha hiya chili zangda khalei mimangna thei. Shitkasangwui shongzali kazatla himana. Kachot kachang kachungkha samphangra kha chiwui atazan vashungda khayuiyawui kuihon samphang thanga ringphai haora. Athumna Jesuli ngashanda manga muikhava tharan hapkakhano kachungkha yuishapa. Kaja athum liya Varena pangshap sangmi kala Mangla Katharana thanmi.

Hebrewnao 12:1-2li hanghai, "Ithumwui vang kuimareida shakhi kachungkha lei. Hapkakhano saikora kala ngathanshang ngathantada khalei moreiwui eina yamshokta ithumwui shongza ngakhui chili makhunlak eina zatsa. Haokaphok eina thuilaga katang eina tangda ithumwui shitkasang phumhaiki kaja Jesuli yangchingsa. Ana krushli ngacheeda mayamana! Kha ali ngaraida khalei khamathan chiwui vang, krush tungli kathiwui maishatli ana khikha mahengsangmi mana, kala ara a Varewui wungpamkhong yashong pamda lei."

Jesuna huikhamiwui ot makuprang eina tangda mina ali manashi pama. Kha huikhami hi awui eina rara kala naoda Varewui yashong pamra kaji ana theida kachot kachang kala kakhayak katonga khangshapa. Chiwui eina mikumowui morei khuithuimi khavai ana krush tungli thimi, kala kathumthangwui thili ringluida huikhamiwui khamong shomi. Hithada ana kahang khanganawui vang eina Varena ali awungawui Awunga kala prohowui Proho sangasaka.

Jacob hi Abrahamwui naotunna kala ana Israel yurwui avava ngasathui haowa. Ana ning mangacheilak mana. Ana Esauwui phara khare mashunchi ngapaikhuida Haranli yamvai. Hithada ana Bethelli Varewui tuingashit chi samphanga.

Haokaphok 28:13-15li hanga, "...nana pida khalei ngalei hi

nali kala nanao bingli mira. Kala nawui ara-aza chifa yakha ngasada atung azing zingsho zingtun apeira, nawui vang kala ara-azawui vang okathui katonga songasakra. Yanglu, ina nali ngasoda lei, kala kazatpam kachida somira, kala apam hili than-ung luira; kaja nali hangkahai saikora maungshungrang lakha eina tangda ina mahorhailak mara." Hithada Jacobna zingkum makada akha ngarai laga naoda Israelwui avava ngasai.

Joseph hi Jacobwui mashing tharada akha kakashung naona. Nao ngarawui ngachaili avavana ali leishi meithuiya. Thankhava awui chinao ngara bingna ali rao akha sada Egyptli yorsang haowa. Thalala ana malung takatung masala miwui rao sada okthui zata. Awui kahang khangana chi theida akhava pana ningyang unglaka. Chi eina ali thongthang katonga yangsang khavai mashun mi, kha khayon phenda phatopli tuksang haowa. Hi ali chang khayangna.

Langmeida saikora hi Egyptwui prime minister ngasa khavai Varena khangaran kasana. Hi Vare mangna katheina. Josephna shitkasang khaleiya mi akha sahaoda phatopli zanglala ning masuita mana. Zimik, kachang kala sira bingna ali ngakhumsham eina khokharumwui mang chi ungshung phalungra chida ana shitsang tita okthui zata. Hithada ana Vareli shitkasang eina ngasoda khanglaga ot sai. Chiwui eina awui shitkasang chi ungshung haowa.

Ali kashok thada nathum lila shokha kathara khala? Ali yorsanglaga zingkum tharada kathum rao kasa hi phaning shapla? Ithumsi kaja mirin khuithui mihaolu chidala seiha sasara. Kha ava chi matha mana. Ana pangshap leida leilaga phatopli zanghaoda khikha masakhuila atam kanthui kahai chi phaningda ning makatun manga. Kha apong kachivali Vareli shitkasangva masuitalak mana. Kachangkhatva ana miramli pamkazat tharan shimla ungailaki kajina kha ana chi matha mana. Varena phakhavai apong akha ngaranra sara chida ning machotlak mana. Hithada hiyakha sikafa mirinli okthui lala kachihanva ngatartei hai, kala awui mang chi maungshungrang lakha eina tangda kahang khangana eina okthuiya.

David lila Varena theimi. Kha ali awungawui thao neomikahai eina tangda kachot kachang kachungkha samphanga. Awunga Saulna ali kharomzata. A thinaikha shokchinga. Kha ana shitkasang eina khangmaman kaji tharan Israel yurli khamunga awunga akha ngasathui haowa.

James 1:3-4li kapihai, "...kaja chithakha shitkasang chang khayang china ngatar ngasaka kaji nathumna thei, khangatar chi pangasaklu, chithakha nathum kashungchao haida kala peichao haida khikha khavat malei mara." Hithada nathumla khangthei khavai salu da pongai. Kaja kakhang hina shitkasang mataisang ngasaka kala ningla mapung phangasaka. Hithada nathumna kakhang kaji hi leikha Varena seihala ngahanka mida sokhami kachungkha samphangra (Hebrewnao 10:36).

Kazing wungramli zangkhavai kakhang

Kazingramli zangkida ithum khangthei phalungra. Mi kaikhana nganuida leilaga ringpha khuira kala rarkahai tharan meeting kanaora da phaninglaga okthui. Kaikhana Proho kathak eina rara da shitsanglaga honpama. Kha Proho ngalangda makhara eina athumwui shitkasang chi suita haowa. Kathahao khala chilaga Prcho rarada lei kajiwui achuk theithang sakchang naora da athumna phaninga. Kakhang maleila naoda sakhuira kaji hiya Varena maningchang mana.

Maram akhali ithum katharan thira khala kala Proho katharan latrara khala kaji khipakha mathei mana. Chiwui vang eina ithumna haokaphok eina thuida katang eina tangda shitkasang eina okthuiki kajina. Langmeida ithumwui shitkasang shongzali katung kaka kachungkha leiya kaji hi mamalaipai mana. Hikatha hili yuikhui kida kakhang hina pangshapna. Kala kazingramwui New Jerusalemli zangkhavai kasali apong kachivali kakhang eina ot sai.

Laa 126:5-6li hanghai, "Chara eina yaokahai bing china khamathan eina hatkhuira! Atha yaokhavai khuiphungda chapkazat bing chi ma hatkhuida mathan thathup eina shimli khuiungra." Athei yaoda mathei ngasaksa chikha chap ngachada chara kata leiphalunga. Marakhali kazingla makharo shokra, siphan zingrotla rahaipai maningkha kazing marna haida theishirai sakazam haipai. Kha mashunwui athishurda athei hatkakhui samkaphang tharan ringkaphana pemhaora.

Zingkum thingkhahi Varena awui nao shokhavai thangkha thada ngarai kala chiwui vang Ana Awui Nao Mayarali okathuili chihorai. Prohona krushwui khangashei chi khangpama, kala Mangla Kathara nala ngatang khamiwui ot kasali chap ngachapama. Thakha ithumna pailak eina sakhuira kaji hi masakapaina. Varewui leikashi chiwui manga eina nathumli kakhangwui athei chungmeida mathei ranu. Hithada kazingram mangli maningla nathumna okathuili leilagala sokhami kachungkha samphangra.

Luke 6:36

"Nathumwui Avavana lumashan kathei thada nathumla lumashan theilu."

Chapter 6

Lukhamashan

Lukhamashan eina mili phap takhami kala pheokhami
Prohowui wuklung kala awui otsak darkar kasa
Yuikashi horhaida lukhamashan khalei
Kasaka mirinli okthuida khalei bingli lumashan khami
Miwui makathuk chili ngalangda pang machikaja
Mi kachivali mingairareo kahai
Mili khaya kashi

Lukhamashan

Mi kaikhava tamkhui shilaka kala pheomi khavai hotna lala masapai mana chida mi kaikhana hanga. Kha ithumli lumashan katheiwui athei chi matheida leikha phap mata kharar kala mapheomi kharar malei mara. Kapha eina mili khuimi shapra kala leikashi eina mi kachivali samphang shapra. Kateonao maram akha eina mi akhali ningchanga kala maningchang mana kaji masapai mana. Khipakhali mayang khangai masaphalung mara. Khipa khali yangshi khavai apong maleimana.

Lukhamashan eina mili phap takhami kala pheokhami

Lukhamashan hi magun leilaka. Manglawui lukhamashan hili jakhami kachungkha zanga. Kala manglawui kakhalatli jakhami kaji hi khamashung kathei chili hanga. Pheomi kida saklak lala khamashung chili phaningda pheokhami kaji hi lukhamashanwui apongna. Varena jamida mikumoli awui lukhamashan chitheimi.

Laa 130:3li hanga, "He Proho, nana morei phaningching akha khipa nganingshapra khala?" Hithada Varena majamila mashunwui athishurda bichar sahaikha khipakha manganingrar mara. Kha mashunwui athishurda khipakha maleisaki kaji athumli eina tangda Varena pheomida khuisangmi. Langmei kharda Varena Awui Nao akhamang chi ithumli katang makhavaiwui eina kanmi khavai okathuili chihorami. Hithada Varewui nao ngasa haoda ithumli jakhami hi leingasak ngaiya.

Chiwui vang Varena Luke 6:36li hanga, "Nathumwui Avavana lumashan kathei thada nathumla lumashan theilu."

Lukhamashan kaji hi leikashili nganailak lala apong kachungkha eina ngateiya. Manglawui leikashi hina miwui vang phaningda chikatmi shapa kha lukhamashan hina pheokhami kala khuikhamiwui apongna. Matik machalala mili leishida khuimi kashap kaji hi lukhamashanwui pangshapna. Khikha macha khangarok eina mili yangkharing haoki kaji maning mana kha nathum hi athumwui pangshap ngasa khavai saki kajina. Nathumna mili mayada khuimi shapkha athumwui khayon khamang chila thummihai phalungra.

Lukhamashan chithei khavai otshot akha lei. Jesuna Olive kaphungli ngaya seiha vasathai laga ngathor thakva Templeli tai. Ana ngaleili pamkazang eina mi kachungkha ali rakuinama, kala ana pao kapha tamchithei kaphok tharan mi bingna khimamei matui ngaroka. Atam hitharan ain kathema kala Pharisee kaikhana phokapha shanao akha tukhuida Jesuli khuirai.

Athumna, 'shanao pahi phopha mahungda leilaga tukakhuina, hikatha shanaoli Moseswui Ain athishurda ngalung eina thamthat phalungra chida hanghai, kathara khala?' chida Jesuli rangahana. Shanao chili ngalung eina thamthat ulu chikha 'Yangkasheli leishilu' da tamchithei kahai tui leihao kala 'pheomi haolu' chikha Ain kaihao chida saklak kahai maram akha ngasa haowa. Kha Jesuna ngahankai, "Morei masalak kaji mi china shanao pava hili lunggui eina thamrithui ranu" (John 8:7). Mibing chi khikha masarar mada thuimaman haowa. Chili Jesu eina shanao ani mang leisai.

John 8:11li Jesuna shanaopava chili hanga, "Phai chithakha inala nali khayon mami mana. Zatulu, laga morei masalui alu." "Inala nali khayon mami mana" kajiwui kakhalatva pheomi haira kajina. Mapheomi kapai shanao chili Jesuna pheomida morei masalui khavai hangmazina. Hi lukhamshanwui tuina.

Prohowui wuklung kala awui otsak darkar kasa

Lukhamashan kaji hiya yangkasheli eina tangda pheomida leishi shapa. Ava akhana angangnaoli khuikhami chithada ithum nala akha eina akha khuimi khangarok kaji hi lukhamashanwui tuina. Mi kaikhana makapha sada morei sahai lala chili rida bichar masala ithumwui lukhamashan chithei phalungra. Ithumna morei kaphungali maningla morei chili ningkachaiki kajina. Hithada morei kasa mi bing chi kharing samphang khavai ithumna sara.

Phasa makapha kaza zarlak kahai nao akha leiya chihaosa. Ava china nao chili kathada phaningra khala? 'Ali kathada hithada pharakhui hao kala ili kathada hiyakha chotngasak hao' chida maphaninglak mara. Kazat china maram sada nao chili mayang khangai masalak mana. Honda phasa kapha nao bing liya ali leishi khameina.

Ning makapei nao khanganao ava akha leisai. Zingkum maka makarang eina tangda nao chiwui ningchi zingkum khaniwui ning thahaoda ava china thangkachi ali yangsang chinga. Thalala ali khayang eina chot-haowa kaji masalak mana. Khamashunga lukhamshan hiya ichichawui nao mang maningla mi katei lila inao thada khuismishapa.

Jesuna okathuili leilaga kazing wungramwui pao hashoka. Ali kashura binga kashang mi maning mana kha kachama, morei kaphunga, shuikhangarui kala khashina khaloka mi manga.

Awui sakhangatha bingla hikatha mina. Tamchithei paimei khavai ain kathema bingli sakhangatha sada kapangkhui sakha phameira da mi kaikha phaninga. Kha Jesuna chikatha mili makapangkhui mana. Ana khashina khaloka Matthew kala khai kapha Peter, Andrew, James kala Johnli athumli kapangkhui.

Jesuna kakaza mi kachungkhala raimi. Bethesda rakhongli tara khangatha ngaraipam kasa zingkum thumrada chishat kaza kahai mi akha lila raimi. Ahi atam kasangkha mina mayangsang mila notha kahai mi akhana. Jesuna ali vada 'Na kazat maraingai' chida ngahanlaga ali raimi haowa.

Zingkum tharada khani ashee ngayida kakaza shanao akha lila Jesuna raimi. Zat poza kazat Bartimaeuswui mik khangapeola raimi (Matthew 9:20-22; Mark 10:46-52). Nain konung shongfali anao thikahai rameinao akhala samphanga. Ana lumashan haida nao chi ring-ung ngasaka (Luke 7:11-15). Hili langmeida ana kachama bing lila samphanga. Hithada Jesu hi khashina khaloka kala morei kaphung bingwui ngasotnao sathui haowa.

Mi bingna ali ngashim shida hanga, "Khiwui vang nathumwui ojana kashina khaloka bing eina morei kaphunga bingli phazarum khala?" (Matthew 9:11) Hi shada Jesuna ngahankai, "Makakaza bingna khanong mahomana, kha kakaza bingna kahona. Vaulu laga 'Ina kachikat maningchang mana kha lukhamshan ningkachangna' da hangkahaiwui kakhalat khikhala kaji angahan khuilu. Kaja ina khamashung khangarong bingli hokhui khavai khara maningmana kha morei kaphung bingli hokhui khavai kharana" (Matthew 9:12-13). Hithada Jesuna kakazanao kala morei kaphunga bingli lumashanmi khavai tamchitheimi.

Jesuna kashanga kala khamashunga athum bingwui vang mang maningla kakazanao kala morei kaphung bingwui vang okthuili rakhamina. Ithum nala Jesuwui kasa thada sakha mashoilakla mili lumashan theira. Ara lukhamshanwui athei mathei khavai ithumna khi sara khala yangsa.

Yuikashi horhaida lukhamashan khalei

Mizak yangda okathuiwui mina mili bichar sai. Hithada kashang kala thangkhamei bingli mina ngasongai. Varewui nao ngara binga azak yangda bichar masamana. Ithumli ngazan khamei mi eina tangda sheba sami khavai apong phaki kajina.

James 2:1-4li kapihai, "Ivanao ngara, tekhamateiwui Proho Jesus Christali shitkasang bing sahaoda mimai yangda ot masalu. Kaja kashanga mi akhana sina khutop sang, kashan kachon mathalak eina ngavailaga kala kachama akhana chonshi ngavalaga nathumwui kazippamli ralaga nathumna kashan kachon mathada khangavai pali 'hili pammilu' kala kachama pali 'chili nganing salu' maningkha 'ngalei chili pamlu' da hangakha nathum khalatana nachinali ngatei ngasaka kala makapha ningai eina bichar sai."

1 Peter 1:17 lila hithada hanga, "Nathumna Vareli seiha kasa tharan Ava da hoi. Ana saikorali kachichana sakahai chiwui athishurda ngaraicha eina bichar sai. Chieina okathuili ringda leilakha ali khaya kashi eina okthuilu."

Ithumna mili lumashan theikha mizak yangda bichar masamana. Kala khalatawui makapha chi theida mili khuimi kala ngahanshapa. Manglawui maramli mi kaikhana phap matarar mana. Khangazanna bingli ithumna kathada khuira khala? Morei lungli shiyan chikan mamayonla zatta khalei bingli ithumna khi samiran khala phaningsa.

Makapha mili theida malumashan khala? Athumli nganaipam ngaika maningkha lachangai khala? Hikatha mili zeinganao pamrala?

Mi kaikhana morei sahaikha bicharwui pamkhongli kapam

thada thaklak eina mili chipat nganaowa. Phokaphava li tukhuida Jesuwui mangali khuikhara tharan mi kachungkhana ali pang chijada manashi. Kha Jesuna ali khayon maphenla huikhami samphang khava apong hangmi haowa. Nathumla chikatha lumashan kathei wuklung leikha morei kasa mi bingli theida leishira kala athumli huimi khavaiwui ot samingaira.

Kasaka mirinli okthuida khalei bingli lumashan khami

Ithumna lumashan theikha kasak mirinli okthuida khalei mi bingli ngachon ngaira. Khamor mang eina "Wuk makhananglu, pingmeilu" da mahangmara. Khikha akha mida athumli ngachon mira.

1 John 3:17-18li hanga, "Kachi katha mi akhana avanao akhawui khavat thatheilaga malumashan ngaikha, ana Vareli leishi da kathada hangpaira khala? Inao ngara, male kala tuimang eina maleishi khaningla kha otsak eina ngasoda khamashung eina leishi phalungra." Laga James 2:15-16 lila hithada kapihai, "Avanao akha maningkha azara akha kashan kachon simasailak eina ngavailaga, thangthangwui zakhavaila masamphangla leida nathumwui ngachaili akhana 'Chingri eina ungulu, lumtur hairanu, kathola thoting hairanu' da kahangwui tongkaza khi leikhala?"

"A khumda lei lumashanna, kha ila malei thuda khikha masamirar mara" machipai mana. Nathumra wuklung eina lumashan chaoda leikha nawui sharuk chi eina tangda mishapki kajina. Mi akhana khikha maleithuda mangachonra thura kaji hi ana kashanga mi ngasalala mangachonrar papam mara.

Hi khikha ot mida khangachon chi mangli kahang maningmana. Kaji katha mi akhana wuk khanangda leikha ali khanang ngarumpai. Hili lukhamashan hoi. Matailak eina Proholi mashitsangrar mada Meifali vakida khalei athumli lumashanki kajina. Huikhami samphang khavai nathumna kashap eina tangda athumli ngachonra.

Manmin Central Church haokaphok eina thuida Varewui matakhak kahai pangshap kachungkha chitheiya. Arui eina tangda chili hakhamei pangshap chitheimi khavai ina pochingda lei. Marama I chamlaksai kala kakaza leida kachihan maleisa mana. Iwui thada problem khalei bingli kathei tharan ila ngasheiya kala athumwui vang ina kashap eina tangda ngachonmi ngai.

Athumli Meifawui tandi eina kanmida kazingramli thanva khami kaji hi iwui ningkachangna. Kha imangna mi kachungkhali kathada ngachonmi mipaira khala? Varewui pangshap mangla hiwui answer malei mana. Ina kacham, kakaza kala khi khikhawui problem saikorachi solve masamirar lala athumli ngachonmi khavai apong phada lei. Chiwui vang eina I Varewui pangshap darkar sai chithakha mi chungmeidali shakhi sashapra.

Pangshap kachithei mang hina huikhami samkaphangwui

apong maning mana. Athumna pangshap chiwui manga eina shitkasang leihaikha mapung mapharang eina tangda phasa mangla khanini ithumna yangsang miki kajina. Chiwui vang eina ishiwui church pheisa malei lala kachama bingli yangsangda khaleina. Chansam 19:17li kapihai, "Kacham bingli lumashan khami Proholi kachishutna, kapha sakahai chiwui saman Prohona runmira." Lukhamashan eina nathumna miwui mangla yangsang mida leikha Varena chiwui saman mira.

Miwui makathuk chili ngalangda pang machikaja

Ithumwui leikashi mili khararda hangmazina. Ava avana anao ngarali makhararla athumwui sayon kahai chi pheomi ching haikha athum shiman haora. Ithumna lukhamashan leikha mili tandi masangai mana, kakhararla makhararngai mana kala athumwui khangazan chila pang machijangai mana. Chiwui vang eina mili tui hangkhamazin tharan seiha sakazak laga sai. Chansam 12:13li hanga, "Chanhan makhaungwui tui zeisanao eina kasa thai, thangkhamawui tuina khama raingasaka." Mi bingli tamchitheida khalei pastor kala kathanna bingna tui hi mamalaiki kajina.

Nathumna "Ithuma maphathuda Varena ningyang maung mana. Khangazan kachungkha leihaoda minala maleishi mana" chida phaning apai. Nathum khalatawui khangazan chi theisa lala mili leikashi eina masakha makanna mana. Nathumna hangmazin lala mibingna tui makhui mara. Hithada athum pailak eina shiman haipai.

Ning khangachei samphang khavai athum khalatawui khangazan chi hangmilu da marakhali churchwui mina ili rakahang ngavai. Hithada ina hang khavai kasa tharan athumwui khangazan maramli mi kaikhana meikhaipam haida tui mahang kapai shoka. Mili hangkhamazin kaji hi kapai ot maningmana. Hangda leilagava nganalapai kha Manglawui chipui khami chi shimanthang hangkahai chiwui athishurda maringrar mana.

Kazing wungram shokhavai kala mi bingwui otphun ngavatami khavai marakhali ina mili pang chikaja ngavai. Kha athumna phap matanguihai khavai ina ngavamtita okthuiruma.

Pharisee kala ain kathema bingli Jesuna panglak kahai tui eina hanglala manganasang papam mana. Mi akhamang nala mayada ning ngateikha chida Jesuna athumli chancela miya. Kha khikha maungshung mana. Hithada athumwui phakakhaning china mi bingli thannguihai paishina da Jesuna malung ringlak eina mi bingli hangmazin khavai hotna chinga. Tui hangkhamazinli miwui ning saza khavai masaki kajina. Kha leikashi eina sada athumli phap tangsaki kajina.

Mi kachivali mingairareo kahai

Kachi chawui leikashi bingli ot mingairareo hai. Mazinglak

kahai mila naoda runkashap mi liya khikha mikida masak mana. Luke 6:32li hanga, "Nathumli leikashi bing mangli leishi akha china nathumli khi tongkaza leikhala? Kaja morei kaphung bingla athumli leikashi bingli leishiya." Khikha samphang khavai maphaningla mili ot khami tharan lukhamashanwui athei chi mathei.

Judas Iscariotna ali yorzara kaji hi Jesuna rilak eina thei. Kha sakhangatha kateili kasa thada alila sami papama. Ning ngatei khavai ali laklui lakluida chance miya. Krush tungli eina tangda Jesuna awui vang seiha sami. Luke 23:34li hithada kapihai, "Ava, athumli pheomilu, athumna khi kasakhala da mathei mana." Hikatha lukhamashan hiya mi katongali pheomi shapa.

Otsak wui lairikli Stephenla hikatha lukhamashan lei kaji ithumna kapa samphanga. Ava pao kazata mi maningla Varewui pangshap samkaphang mina. Awui eina matakhak kahai ot shoka. Ali maning kachang mina ali ngayat pama kha Varewui thangmet eina ngahan kaka tharan mina ali tui mahangrar mana. Awui azak kazingrao thai chida mina hanga (Otsak 6:15).

Stephenwui tui shada Jehudi bingna mamayangai mada ali konungli khuishoklaga lunggui eina thamthat haowa. Ana thiuki kaji atamli eina tangda athumwui vang seiha sami, "Proho! Morei hiwui kashong athumli matami alu" (Otsak 7:60). Hiwui kakhalatva rilak eina athumli pheomi haira kajina. Ana athumli mamaya khangai masa mana, kha lumashan thaya.

Awui wuklung thada sakhavai nathum kayakha hotna haira khala? Nathumna mamaya khangai mi leifala? Mina nathumli mamayangai lala athumli khuimishap khavai saphalungra. Athumwui theikakhui chi khikhala jida theira. Chiwui eina athumli mamaya khangai ningpam chi ngachei shapra.

'Khiwui vang athumna chithada sakhala?' da nathumna phaningthui haikha athumli mamaya khangai leishonda lei. Kha 'Athumwui theikakhui eina kasana' chida khuishapkha mamaya khangaiwui ningai chi shiman kahaina. Chiwui eina nathumna athumli lumashanda seihala samishap haora.

Mili khaya kashi

Mili lumashanthei khavai ithum khaya shithei phalungra kala mina khikha sayon kahai leilala chili sakta makhuipai mana. Ot ngaraichada salaga mi kaikhana nathumwui ngasotnao bingli masothui hailala athumwui ringkapha chi nawuila zanga da khuishap phalungra. Nathumli ngazan khamei mili mi bingna masot chungmeida milala ning masuitapai mana. Chithada masot khami manga eina athum ot pangmeida sahaora chida nathum ringphathaki kajina.

Ithumli lukhamashanwui ning leikha mi kateili rizat ngasakngai shonra. Chili ithum ringpharumra. Lukhamashan kaji hiya Varewui asak avatna. Himang maning mana, Mangla Katharawui eina khamathei athei katonga chi Varewui einana.

Leikashi, khamathan, chingri kahai, kakhang kala Manglawui athei katei saikora hi Varewui eina khara sera.

Chiwui vang ena hikatha athei mathei khavai mapung kapha mi ngasasa. Athei china min maman leikashi mataisang mamanra kala Vare nala chiwui eina leikashi kachungkha shokngasakra. Nathum hi Varewui nao ngara bingna da Ana khuimira. Kala Awui nao ngara sada ningyang ungkha nathumwui kapopo chila mira. Mangla Katharawui athei nathumli matheiser ranu, chieina Varena ningyang ungda somi ranu, langmeida kazingram lila khaya kachungkha samkaphang mi ngasaser ranu.

Philippinao 2:5

"Nathumla Jesu Christawui kasa khava thada salu."

Chapter 7

Kapha

Kaphawui athei
Mangla Katharwui ringkachang kapha
Kapha Samaritan thada kapha ot kasa
Mili mangayat kazat kala malangkaso
Titila masatek kala meiwonla masa shimit
Khamashung eina kapha kasawui pangshap

Kapha

Thang ngayakha phahon kakak kasanga mi akhana shim phara phavai. Shim mapupa china lumashan haida ali room akha mihaowa. Kha mipa hi ot masalakla zam mang mangpamshon haowa. Mina theikha 'hikatha mi hiya phara mamirar mara mapam ngasaksa' chida phaningra. Kha shim akhavapa china zatla mizada marak marakli pao kaphala hangmi. Ashiwui nao ngara thada khuilaga ali yangkhami chi theida mipali ning sazalak haowa. Chiwui eina ana Jesuli khuisangda kadhara mi ngasa haowa.

Kaphawui athei

Societyna maning kachang mi bingli leishida sakhami kaji hi kapha otna. Kapha ot kasawui athei hiya wuklung mangli khamathei maningla otsak eina chithei.

Ithumli kapha kaho hi leikha Jesuwui nganam kapha anganam chi khangayao kathana. Ithumwui ngalemli kapam bingna kapha otsak chi theida Vareli maso chikatra.

"Kapha" kaji hi ningkathar, phap kata, lumashan kathei kala mashunli kahangna. Langmeida manglawui apongli kapha kala khamashung kasali hanga. Ithumli kapha kaji hi leikachang khatkha Prohona ningyang ungra. Hiya khamakhao khikha makaka kathana.

Vareshi makhaning bingla kapha ot kasa leikapa. Kha okathuiwui mi sahaoda kapha kashi chi athumwui theikakhui eina vaihaowa. Chiwui vang eina athumwui ningkachang otmang sathui kahaina. Kha Manglawui eina khara kapha hiya ngakheikhang hai, hiya miwui theikakhui chili khaya shida sai.

Mangla Katharwui ningkachang kapha

Vareshi saththar mina iwui sermon nganada scientific theory eina machangarok mana chida bichar kasa ngavai. Kha athumna rarsang maman Varewui tuila tamkhui maman kaji tharan athumwui theikhui kasa chi mikumowui bicharna kaji rathei haowa.

Ningchuk kaji hi kapha kashi theikhavai apongna. Mi akhawui theikakhui hi ali pharasangda rarkaka apam chili lei. Kapha eina nganao kaka nao chiya theithangmei laka. Kala khi mamei kachungkha chitheida rarkaka nao chiwui ningchuk ngateilui. Kha ava avawui makapha theirashumda rarkaka nao chiva makapha ningchuk leipapam haowa.

Chancham sada ning tharkhavai tamchithei kahai nao china kapik kahai tharan wuk khananga. Kha kakapik eina rarkaka nao chiva khangachana chihaowa. Athuma kakapik tui matuida lei kaji eina tangda makatheina. Kala kapik pai kaji hi athumwui ningli khaleina. Hithada athumwui ningchuk hiya makaphana pema.

Nao kaikhali ngaraicha da nganaoka lala athumwui theikakhui ngatei khangarokla lei. Kaikhana ava avawui kahang nganai kala kaikhana ngakaishiya. Ningchuk kaji hi social kala economic condition lila khaleina.

Mikumowui mirinli zingkum shakhawui standard, hangphangawui standard kala aruihonwui standard mangarai mana. Chancham sada achahonwui mina rao khanganaohi mamashung mana kaji mathei mada athumli ot kachungchung sangasaka. Laga shanao akhana khamahong phasa kachithei hi zingkum thumrawui mamangli mazatnasa mana. Hithada ithumwui theikakhui hi apam kala atamwui athishurda lei. Mi kaikhana athumwui kaphaning chi mashunga chida chi sakhavai hotnai. Chiwui vang eina mathameida salu da athumli mahangpai mana.

Vareshi ithuma ngatateida theikakhuiwui standard malei mana. Ithumwui standard chiya Varewui tui hina. Hiya aya, aja kala khanao eina tangda mangachei mara. Manglawui eina khara kapha hiya khamashung khangarongli ngahoma. Kala hiya Mangla Katharali shurngai shonna. Kha kapha sangai haowa chida kaphawui athei mathei kahaina kachiva mamashung mara. Kapha kaji hiya otsak eina thei.

Matthew 12:35li kapihai, "Kapha mina awui khamatha kazip kahai chi eina khamatha shoka kala zakkashi mina awui kazip kahai chi eina zakkashi shoka." Chansam 22:11 lila hanga, "Ningkatharli leikashi mi, chanhan khamatha mi china awungali ngasotnao sai." Atungli hangkahai hithada kapha mi binga athumwui otsak eina theishapa. Athumna kazazat kachivali kala kasasa kachivali leikashi kala kaphawui otsak mang lei. Mi akhana nganam kapha anganam chaikazat thada kapha mina Jesuwui kapha chithei shapa.

Mi kaikhana kapha wuklung phonngaida manglawui mi bingli ngasotnao sai. Athumna khamashung chili nganada tamkhuingai. Athuma kachapla chapzar laka. Kha ningchanga chida hikatha wuklung hi athumna thada masamphang pai mana. Shakakhui kala tamkakhui khamashung saikora chi otsak eina sashapki kajina. Chancham sada kapha mi liya ngasongai kala makapha mi liya ningkachai kaji hi kapha sakhangai lakla?

Makapha mibingwui eina tamkhui shakhui khavai maram kachungkhala lei. Athumwui eina tamkhui khavai malei lala mirin lessonva samphangra. Mili ngayatzat phapha kaji hi mapha manada athumwui eina tamkhuipai. Athumwui kasa khava chi khiwui vang ithumna tamkhuira chi! Kapha mi mangli khangaso hina tamkakhui maning mana. Mi kachivawui eina tamkhui shakhui khavai leisera. Kapha mi ngasa ngaiya chilaga kaphawui ot masakha kapha mi mashokrar mana.

Kapha Samaritan thada kapha ot kasa

Manglawui kapha kaji hi khi lakhala kaji ithumna yangsa. Kachang khatva hiwui theikakhui hi kashunglaka. Varewui khangacha hiya phai, kala kapha kaji hi Bibleli leikahaina. Kaphawui maramli Philippinao 2:1-4li kapihai:

Nathumwui mirin Christali khalei china nathumli pangasaka,

kala awui leikashi china nathumli ringpha ngasaka. Nathum Manglali ngarumsak leiakha kala akhana akhali phaningmida lumashanthei ngaroka. Leikashi akhawui lungli ningphanin akha eina khokha yangkha sada ili ringphachao ngasakmilu da poli. Khalata masot masao alu, kha akhana akhali phameiya da phaning ngaroklu. Khalatawui vang mang maphaning alu, kha ningai shingaroklu.

Manglashong eina kapha sakhangai binga masakhangai kala mamaya khangai malei mana; Prohowui mingli ot saikora sashapa. Athuma malung nimhaoda ot hi sakha makanna mana kajiwui ningpam malei mana. Athumli ngazan khamei bing lila wuklung eina khaya shida ngasotnao sashapa.

Maram maleila kateina athumli ringshi khavai salala leikashi eina khuishapa. Hithada athumli eina tangda shaba sakashapwui ningai leida chingri eina okthui. Athuma khalattawui otmang masala mili otram ngatha shapa. Hithada kapha miwui maramli Luke chapter 10li kapha Samaria mi akhawui chancham eina ngasoda kapihai.

Mi akha Jerusalemwui eina Jericho vakida zatkasa atamli makapha binga shongfali tukhuida kashaola shao kala awui ot katonga ngaponthui serhaowa kala kathi thada haimi haowa. Pangmon akhana ali ratheida yanglaga thuihaowa. Levitewui mi akhala chithaca rayang laga thuihaowa. Pangmon kala Levitewui mi khani hiya Vareli otram khangatha mina. Pangmon eina kala Levitewui mi hiya mi kateili langmeikharda Varewui tui maramla katheina. Chiwui vang eina athuma langsolaka.

Varewui kaphaning ot sai kaji mana kha Varena sangasak khangai ot masamana. Hithada shongfa pheili kathi thada pida khalei mi chi ratheida samiran masala thuihai kashapna. Athumna kapha mi sasakha mipa chili ratheida thuikahai masamara.

Naolak eina Samariawui mi akha rarasada ana mipa chili lumashan haida rakhang khuilaga sheba rasami. Ali shim akhali akhangzangda 'ali yangmi salu' da hangphungda thuihaowa. Ana akhama katha ralaga yangmiman pheisa rami kala langkhamei miran leikha naoda kharapali ramira da hangphungda thuihaowa.

Samariawui mipa hi khalatawui vang chukhamaja mi sasakha ala rayanglaga thuihaipai. Kha chi maning mana ava samiran samilaga pheisa eina tangda shokmi kala miran leikha ramiluira da tuingashit eina tangda sahai.

Ana kapha mi akha sahaoda mipa chili sheba sami kashapna. Hithada kapha miva atam, yang pangshap kala lupali mashivamla kachot kachang bingli ot samishapa. Athumna mangachonmi rarlala ngachonmi kashap mi phakhami hi khangachana. Pangmon kala Levitenao khanina hithada sasaki kajina. Hithada Samaria mipa hina mi akhana saran ot chitheimi.

Miwui miktali ot kasa mang maningla Varena theisera da Samaria mipa hina ngaponmi kahai mi chili sheba sami. Mangla eina kapha sakhangai binga kapha apongli zangda ot sai. Mi kateina makapha apong eina ot salala kapha eina ngahankami.

Mili mangayat kazat kala malangkaso

Manglashong eina kapha kasawui maramli Matthew 12:19-20 lila kaphai. Verse 19li hanga, "Na vaotaraida mangayatzat mara; kala chanreili awui akhon khipanakha masha mara." Mathang verse 20 lila "Teknanai kahai titila ana masatek mara, miknanai kahai meiwonla masa shimit mara, mashun china mayuirang lakha eina tangda." chida kapihai.

Hi Jesuwui kapha maramna. Ana okathuili ministry sada leilaga khipalikha mangayatzat mana. Ana nganuida leilaga eina thuida Varewui tuili shurda ministry atamli kapha otmang sai: pao kapha hashoka kala mili kazat raimi zata. Kha mina ali khimamei hangda sathat khavai eina tangda sai.

Atam kachivali Jesuna athumwui makapha ningchi thei kha athumli mayang khangai masalak mana. Varewui kaphaning chithei khavai otmang sai. Ana sada khalei chi mina phap matalala ngayat kazat masa mara. Krush tungli sathat khavai khuikhara eina tangda ana mili ngayata mangahanka mana.

Makhamaya leihaowa chida ngalangda ithumna ngahankaki kaji kala ngayatki kaji maningmana. Ngayat kazatna chingri kahai makhuiralak mara. Ngayat ngarok maman pangapa mamanra. Kala ngayat khangarok hina maya khangarokla makhuirlak mara. Kaja ngayat khangarok hi makapha otna.

Khangayat kaji hi mina khikha sahaoda kasa maning mana,

ning makhamashung eina kashokna. Kala mina ithumwui theikakhui athishurda masaman kajiwui vangla maning mana kha ithumwui theikakhui mashana haida kashokna.

Vatli (cotton) thing eina shaolala akhon mashok mara. Glassli tara kathar sanglaga panglak eina nganuk lala makhaomei kaji malei mana. Hi mikumowui wuklung eina ngaraichai. Khi khikhana maram sada ning yaoya haowa kaji masapailak mana. Chingri kahai makhalei hi wuklungli makapha leihaoda kasana.

Jesuva kachap mangava mana kaji hi ithumna thei, thakha ithumna khiwui vang chap-hao khala? Kachap kaji hiya khalatawui kaphaning akha ungshungai haida kasana. Hili miwui kaphaning samira kajiwui ningpam maleimana.

Jesuna mi kathili ring-ung khangasak kala mik khangapeoli raikhami hikatha matakhak kahai ot sai. Hi malung khanim eina kasana. Awui malung khanim kaji hiya mina manashi lala kala sathat khavai krush tungli khangka lala khikhonka mashokla Varewui kaphaning ngaraishapa (Philippinao 2:5-8). Khipakhana shongfali eina tangda awui khon mashamana da hanga. Hithada ana mapung kapha mi akha sada acham aram mashunglak eina sai. Hi awui wuklung khamashung chiwui eina kharana.

Proho thada ithum nala wuklung mashungkha khipa likha mamaya khangai malei mara. Miwui khangazan maramli mamatuizat mara. Miwui ngachaili khalata masot masao mara. Maram machala kachot kachang samphanglala complain masa mara.

Titila masatek kala meiwonla masa shimit

Ithumna thing lingsangda nganao kaka tharan makhamatha thingna kala thingphang zanghaikha chibing chi katatmi. Hithada kachi kathana mei sharkapamli mitnanai eina mei chuipam haikha sashimit haowa. Kha manglawui miva teknanai kahai titila masatek mana kala mitnanai kahai meiwonla masashimit mana. Athuma sakhui kapai maram kateokha leikha kala theikha sakhui khangai kala semkhui khangai hangkhavai maleimana. Hithada miwui vang chukmajada ot sai.

Hili 'teknanai titi' kai hi okathuiwui makaphana pemkahai morei chili kahangna. 'Mitnanai kahai meiwon' hina wuklungli makaphana pemda manglawui kahor makhaleili kahanga. Hikatha mi hiya Proholi shitsang kida saklaka. Athumna Vareli shitsang lala otsakva mamashungrar mana. Kala marakha liya athum hi Mangla Kathara kala Vareli makhamaya tuila matui. Jesu Christawui atamli ali mashitkasang mina chungkhameina. Athumna matakhak kahai pangshapwui ot theilala Mangla Katharali ngakaishi. Thalala huikhami samphang khavai Jesuna leikashi eina athumli ngasomi.

Aruihon atamwui church lila teknanai kahai titi kala mitnanai kahai meiwon katha mi kachungkha lei. Khamor eina 'Proho, Proho' chida ngakaowa kha athumwui wuklungva katavali lei. Athum kaikhana Vare lila mamaya mana. Athumwui shitkasang ngazan haoda churchla marakangai mana. Kala makapha ot sada mina theikahai tharan khayak haoda church eina tangda nothalaga thuihaowa. Ithumna kapha mina chikha hikatha mili pang ngaranva phalungra.

Mi kaikhana athumli mina theimi ngasakngai kha chi makashok tharan athumwui makapha chi otsak eina raphongshoka. Churchwui shitkasanga mi bingli kala Manglana pemda ot sada khalei mi bingli athumna yuishida makapha tui ramatuisanga. Kala miwui khayon khamang kala khangazan kali leikhala kajili kachang ot sada sahaowa.

Manglawui mi binga hikatha mi lila kapha eina khuimishap khavai saki kajina. Mashunga kala mamashung mana kaji tui matuida masamana. Kha kapha eina otram ngatha mida athumwui wuklung sazami.

'Makapha ningai eina church rakada khalei bingli machut haosa, chithada athumna churchwui mi bingli mahap khanorar mara kala church eina tangda maraka mara' da mina ili hanga. Athum khipa mamei khala da phakashokva masak mana kha chithada kasa eina shimkhurwui mi bingna khi phaningra khala? Makapha minada khuishok maman haikha churchwui mi mataisa mara. Churchna sakhangayi otva athumwui wuklung kala ning ngachei khangasak hina.

Ma, ithumna kashap eina tangda kapha salala kachi kathava kathiwui shongfali zat kahaila leikapa. Chithayi lala athumli notha kahai chiva masaphalung mara. Khanao eina tangda malung khanim eina athumli huikhui khavai kasa hi manglawui otna.

Khayang liva ma eina maham (mahik) ngaraida theiya, kha mahamva atha mazang mana. Ma kashaoli mava kazipkhui haora kala maham binga mei thota haora. Maningkha leithaowui vang shichin haipai. Hithada church lila ma eina maham katha khaleina. Ayarshong eina ngaraichada theilala alung shonga ngateiya. Atha kazang ma chiya Varewui tui shai kha maham katha chiya makaphawui ot sai.

Lui khava mipa china ma kashao atam khangarai thada Vare nala maham katha ithumli huimi khavai khanao eina tangda ngaraimi. Hithada ithum nala Vareli makathei bingli jakhami eina khanao eina tangda ngaraimi laga huikhami samphang khavai samiki kajina.

Khamashung eina kapha kasawui pangshap

Kapha ot kasa kaji hina kathada manglawui athei eina ngateihao khala kaji phaningda matakhak lapai. Kapha Samariawui chanchamli hangda khalei hiva mingai rareo kahai kala lukhamashanwui maramna. Hikatha magun hiya akhon mazar mana kala khangayatla malei mada chingrihai shapa. Hikatha hi manglawui kapha kasa otli chingla?

Leikashi, mingairareo kahai, lumashan kathei, chingri kahai kala malung khanim saikorahi kapha ot kasai chingsera. Rida hangkahai thala kapha kasa kaji hiya Varewui asak avatna, chiwui vang hiwui kakhalat hakshun eina lei. Kha kapha kasawui asak avat hiya otsak eina sashok phalungra. Hiwui kharin hi mili thada lumashan khami kala ngachon khami himang maning mana. Miwui kasak kapai yangmi kashapa wuklung hina khamataiya. Hiwui maramli kapha Samariawui khararchan eina ithumna theihaira. Ana hikatha wuklung ning khalei vang eina kathi thada pida khalei mipa chili ratheida mangachonla mathuihai khararna.

Akhon makashok kala mili mangayat kazat hi malung khanimli lei. Kha manglashong eina kapha kasa kaji hiya chingri kahai hili rinshonna. Chiwui vang eina kapha kasali complain masapai mana kala khalatawui maram maphaningpai mana.

Ot akhamangli kahang nganada mathalak eina kasa hili kapha ot kasa maho mana kha apong kachivali Vare tekmatei khavai kasa hili kahangna. Nathumwui saran ot akha masathukha china kaikhali sazara. Hithada Varewui wungram chila mamayasang mara. Chiwui vang eina kapha kasali ot akha masarar thuwa chikha ning chingri machilaka mara. Hithada kapha ot kasa kaji hiya ot akhala manotha haipai mana. Hi kapha ot kasawui apongna.

Makapha kasa bingna makapha ot masakha ning chingri machimana. Athuma makapha sada leilaga eina tangda ringkaphana. Mina tui matuida leilaga khi mamei matui kasangwui khangacha leikahai bingna chi masakha mapamrar mana. Mili sazada lei kaji theithei lala hikatha kasa eina athumli chingri hai. Kha saikora hi maphamana kaji athumna chukmaja khuida Varewui tui manga eina chikatha ot masalui mara kajihi sakna kahaiva maningmana. Kha athumna machukmaja khuikha thada chiching mara.

Kha kapha kasa miva chiwui eina ngatei. Kapha ot masathukha athumli chingri kahai maleimana. Hithada athumwui takharar leilala miwui vang ot samishapa. Kasak kapai kachungkha leilala kapha kasawui ain chi athumna mayonching shapa.

Hikatha kapha kasawui maramli Paulna hanghai phunga. Ana sa shaingaiya, kha china mili sakaza leikha chi mashailala phai kajina. Hithada kapha kasa miva ot akha kasali athumwui vang kanna lala mili saza kapai leiya chikha chikatha ot masazalui mana. Hithada athuma mili sazakapai kala Mangla Katharana maningkachang ot akha nidala masa mana.

Nathumna hangkahai hithada kapha ot sada leikha kapha kasawui athei chi nathumli matheida lei. Kala hiwui athei matheida leikha Prohowui ningkachang chi nathum alungli lei. Ngazanmeithui kaji mi akhali saza kapai leiya kaji eina tangda theida ot sai. Hithada nathumna phakachang khatkha nathumwui otsak eina theira. Khaya shikapaiya mi sada nathumwui tuimatui kala acham aram saikora mapung kapha ngasara. Hithada mi kachivana Prohowui kapha chi nathumwui eina theishapra.

Matthew 5:15-16li kapihai, "Mibingna thaomei sharlaga luk eina makhumhai mana. Kha thaomei sharkhavai meishongli haida shimlungli khalei saikorana kahor samphanga. Nathumwui kahor chi mibingwui mangali horngasaklu, chithakha athumna nathumwui kapha otsak chi theilaga kazingramli khaleia navali masochikatra." Kala 2 Corinthnao 2:15 lila hithada hanga, "Kaja huikhuida khalei kala shiman haokida khalei athum bingli ithum hiya Christana Vareli kachikat nganam kapha anganam kathana." Kapi kahai hithada nathumna kapha kasawui athei matheida ot kasa kachivali Varewui ming tekmateira kala nganam kapha anganam thada Jesuwui kapha maram hi nathumna okathui peida ngayaova shapra kaji hi ina shitsanga.

Mishan 12:7-8

"Ale iwui shimkhur katonga mayon khavai shinna kahaina. Ale ina morsungda tharlak eina khangazekna, makasha tui eina khangazek maningmana; ava Prohowui azak katheina."

Hikathawui vang Ain Mavaimana

Chapter 8

Kahang khangana

Kateina theimi khavai kahang khangana
Saran otli langmeida kasa
Khamashungli khamaya
Akhavawui athishurda ot kasa
Varewui ot kasali kahang khangana
Kazing wungram kala khamashung khangarongli kakahao

Kahang khangana

Foreign ngalei akhali vakida mi akha zatsai. A makhalei atamli awui ot sami khavai rao kathum haiya. Athumwui sakathei athishurda kaikhali talent akha, kaikhali khani kala kaikhali phanga mi. Talent phanga samkaphanga mipa china ot sada sharuk phanga tankhui. Khani samkaphang mipa chinala khani tankhui. Kha talent akha samkaphanga mipa chiva talent chi ngaleili achuiphum haoda khikha matankhui mana.

Akhava china hankha-ung tharan talent khani kala phanga samkaphang chiwui athishurda tankhuihai kasa chi ratheida saman milaga hanga, "Phalak haira, kapha kala shitsang kapai rao" (Matthew 25:21). Kha talent ngaleili chuiphum kahai mipa chiliya hithada hanga, "Makapha kala ngachang makaka rao" (v. 26).

Ithum lila talentwui athishurda Varena ot kachungkha mihai. Hithada ithum nala parglak eina kazing wungramwui vang ot sakha Varena theimida 'kapha kala kahang khangana rao' hora.

Kateina theimi khavai kahang khangana

Dictionarywui athishurda 'kahang khangana' kaji hi makhangachei leikashiwui magun maningkha saran ot kasa hili hanga. Mikumo eina tangda kahang khanga bingli aman saklak eina khui kala athum liya khayala shi.

Kha Varena ningkachang kahang khangana kaji hiya ngateiya. Manglashong einava ithumwui saran ot kasa hili kahang khangana mahomana. Apong akhali sakchangda kala mathada ot kasa kaji hi kahang khangana kakhalat maningmana. Preiva kala gahara akha sada shimwui thongthang ot kasa hili kahang khangana hopaila? Maning mana. Hiya saphalungki kaji otna.

Mangla eina kahang khangana bing hiya Varewui wungramli aman saklaka, nganam kapha anganam kathana. Athumli makhangachei wuklung lei. Ngacheeda kahang khangana kala wuklung eina kahang khangana khani hi ngatei. Ithumna wuklungwui kahang khangana eina ot sakha Prohona ningyang ungda khuimi. Hi Moseswui mirinli ithumna thei.

Israelnao bingna Egypt ngaleili zingkum shamati langda mirao sapamsai. Kala hiwui eina thanshokta athumli Canaan ngaleili thanvaki kaji hi Moses mang ngasasai. Aliya Varena leishida mai eina mai chanla ngazeka. Ana kahang nganalak eina Varewui ningkhami katonga mayona. Ana mirinwui kachot kachang kachungkha ralala chili sakta makhui mana. Kha Israelwui kathana mi akha sada ana awui saran ot katonga sakup khavai panglak eina hotnai.

Thangkha ashawo Jethro ali rai. Chili Israelnaoli shokahai Varewui matakhak kahai otshot katonga Mosesna pheichithei. Akhama katha mi kachungkhana Mosesli samphang khavai line eina nganingda khalei chi Jethrona theihaowa. Hi athumwui mamaya khangarok maram katonga Mosesli bichar sami khavai rakahangna. Hili Jethrona maram akha hanga.

Shongza 18:21-22li kapihai, "Chili langda mibingwui ngachaili sashapa, Vareli khangachee, shitsangkapai kala pheisa makaza mi kapangkhuida yaruili mungkhavai, kaja thingthingwui, shashawui, hangphanga ngawui kala tharawui akhava phasanglu. Bichar saikora athumna saranu, khamataiya nawuili khuirara, kha kapapai athumna sada nawui kharit ot athumna ngayarda phungmida, nawui vang ngavengmeira."

Mosesna ashawowui tui chi khuida mi thingkhawui, shakhawui, hangphangawui kala tharawui kathanna kapang sanga. Chiwui eina athumli maram kateobing chi bichar sangasakta maram kahak bingva Mosesli khuira ngasaka.

Kapha wuklung eina mi akhana ot sakha kahang khanganawui athei mathei. Mosesna awui mi bingwui vang kahang khangana eina sakchangda ot sai. Chiwui vang eina ali mina kala Varena theimi. Mishan 12:7-8li hanga, "Ale iwui shimkhur katonga mayon khavai shinna kahaina. Ale ina morsungda tharlak eina khangazekna, makasha tui eina khangazek maningmana; ava Prohowui azak katheina."

Ara Varena ningkachang kahang khangana kaji chi khilakto?

Saran otli langmeida kasa

Ot kasa mili ngalangman khami hi kahang khanganawui saman maningmana. Kha ot kasawui ngachaili pangmeida ot kasa miva zangkapa. Athum hina kahang khanganawui kakhalat kaji hi. Athuma saran otli langmeida sahaoda pheisala chungmeida samphang ranna. Kha athumna chiwui ning malei mana. Ngalangman chiwui vang ot kasala maningmana. Kha wuklung ning tongda kasana.

Hithada churchli ot kasa mi bingla athumwui saranli langmeida ot kasa ngavai. Athumna Varewui otna da theida shuti zimiksho lila kala thang thangwui pungli langmeida ot sapama. Hithada mikahai otli langmei kharda athumna church kala mi bingwui phakhavai ot sai. Himang maningla cell group eina tangda semlaga ningsanglak eina ot sai.

Hithada kahang khangana mi binga athumwui saran otli langmeida sashapa. Hi Mosesna chancham sada thei. Israelnao bingna Morei sahaowa chida awui mirin eina tangda chikatlaga seiha vasathui haowa. Hi Shongza 32:31-32li kapihai, "Iyawo! Mibing hina kahaka morei sahaira; sina eina athumwui kameo sakhui. Kha ara athumwui morei kha pheomilu; chi maning akha nawui lairikli kapi iwui ming chi khuishokmi haolu."

Mosesna awui saran ot kasali Varena kakaso ot chiwui vang mang kahang nganada masamana. Ana 'Mina khuikasang makhui kasang mathei mana kha iwui saran sahaira, hili langda masarar mana' chida maphaninglak mana. Ana leikashi eina mi bingli thanzata. Chiwui vang eina mi bingna morei kasa chi akhalatana morei kasa thahaoda awui mirin chikat kashapna.

Pao kazata Paulla hina. Romnao 9:3li kapihai, "Kaja phasawui pongli iwui theisa bing kala ichina ngarawui phakhavai athumwui eina ili Varena khonshida Christawui eina ngatei ngasak haowa jilala khikha malei mana." Moses eina Paul ani hiya kahang khanganawui maramli tamkhui shakhui kapai milaka.

Kahang khangana kala kapha mina chilala Moseswui mirinli shokta khalei hi ngaraicha eina ithumli shokha awui thada masarar kachangkhat mara. Ithumsi kaja 'Vare, ithumna saki kaji sahaira, mi bingli lumashanlaka kha ithumla chotkachangkhat haira' kaji hikatha tuihi matuishok pai. Kahang khangana mi hiya atungli hangkahai thada masalak mana. Athumwui wuklung chiya ngatei kachang khata.

Mosesna "Athumwui morei pheomilu maningkha iwui ming nawui kathara lairikwui eina katatmi haolu" kaji hikathawui seiha hi mi kachungkhana masarar mara. Kapha kahang khangana mi binga mina makapha ot kasa chi athumna kasa kathanada dala khuimi shapa. Hithada ningli rakapei kapha katonga chi otsak eina sashokta saran otli langmeida sai.

Rimeithuida, tandi mira chilala Vareva morei kasa mi bingli mashiman ngasakngai mana kaji hi ithumna theida ot saki kajina. Hi eina ngasoda ithumna kathada seiha sara khala? "Vare, hi iwui khayona, ina mathan kathei eina kashokna. Athumli pheomi luishit falu" da wuklung eina pomiki kajina.

Varewui luiramli kahang khangana eina ot sada khalei binga mili wuklung eina otram ngathami shapa. 2 Corinthnao 12:15li Paulna hanga, "Nathumli ngachonmi khavai iwui khalalei kala I khalatala mathan thathup chikat mira. Nathumli mataimeida leishikha, ili suitada leishirala?"

Paulna mangla ngakui kakhui otli ningsanglak eina sai. Chiwui ot kasali ana ningyang unglaka. Ana mi kateiwui mangla vang leikashi kala khamathan eina awui mirin laklui lakluida chikatmi.

Khamashungli khamaya

Kachi katha mina makapha kasa (gange) groupli zangda mirin chikatchao haowa chisa. 'Thaona phalaka' chida Varena hangrala? Maning mana. Varena kapha apong mangli kahang khangana hi shankakhuina.

Vareshi mi bingna shitkasangwui mirin kharing tharan ot kachungkha sangasakra. Marakha liya sakhangai ot bing chi sahailaga masa khangaiva haikahaila ngavai. Kaja athumwui ning chi ot kateili phaningthui haowa. Hi maning lala mirinli kachot kachang samphang kapai maram theivada saran ot makup kasang ngavai. Kathada athumwui ning hithada ngacheihao khala? Hi pairek kahaiwui eina kashokna. Varewui wungramli hithada ot masapai mana.

Manglawui kahang khangana mirinli zangsa chikha wuklungwui ahui rim phanglungra. Manglawui kachon ngasathai phalungra. Wuklungwui makapha yur saikora thar phalungra. Phongkhami 2:10li hanghai, "Kathi eina tangda ili shitsang malu; ina kharingawui kuihon mira." Hili kathi eina tangda shitksang kaji hi phasawui kathi himangli kahang maningmana. Bibleli kapi kahai Varewui tui saikora ungshung khavai mirin peida ot kasa lila kahangna.

Manglali kahang khangana mi sashap khavai ashee kashok eina tangda morei chili nganurlaga Varewui ningkhami mayon phalungra. Mataimei thuida makapha, morei kala makhamashung saikorahi horhai phalungra. Wuklungwui ahui marimla phasashong eina ithumna ot sathuihaikha manglawui kahang khangana hi mashok mara. Paulna "Thangkhachi l thichinga" da kahangwui kakhalat hi phasawui apong mamila tharkhamathengli kahang tuina. Hi manglali kahang khangana hoi.

Varena ithumwui eina ninchangmeithui kaji hiya katharna. Hi theida ithum wuklungwui ahui rimphamlungra. Mangla ot kasali ahui marimranglaga ot masapai mana kajiva maningmana. Kha ot kasa kachivali ning kathar kala khamashung eina saphalungra kajina.

Wuklungwui ahui rimkahai mi binga ning mangachei mana. Kachot kachang kala khikha leihaowa chida thangthangwui saran ot masarar thuwa kaji maleimana. Varena saran ot khami hiya tuingashitwui alungli khamina, tuingashit chi masakhai phalung mara.

Wuklungwui ahui kharimli pairek haikha khi shokra khala? Mirinli kachot kachang khara tharan ithum chili mangasungrar mara. Vareli eina tangda mai ngareithuida saran ot masakuprar mara. Kha ning ngateida lat-ungluira laga ot sara kha mapung kaphava mangavalak mara. Hikatha ning ngachei-ung ngacheivada ot kasa mi bingli kahang khangana maho mana.

Varena ningkachang kahang khangana hiya wuklung ahui kharim eina shoki kajina. Kha hi kasa hina saman samphangra kaji maningmana. Kahui samphang kahai Varewui miva wuklungwui ahui rimphalungra. Chiwui eina ithumna ot sakha athei kachungkha matheira kala ot maungkashung mangava mara.

Chancham sada mi akhana Sunday service akhali shairanra shokta ot sathaiya chihaosa. Kha mi kachungkhali ngayat khuida chingri kahaiva maleithura. Hikatha ot kasawui saman malei mana. Kapha kala leikashi alungli ot kasa hiya chingri kahai ngayur phalungra. Hithada Varena khuimida chiwui saman nathumli mira.

Akhavawui athishurda ot kasa

Church liya Varewui kaphaning athishurda ot saki kajina. Kala kathana bingwui kahangla nganara. Chansam 25:13li hanga, "Ningtongda pao phungkazat kazat mi hiya kachihopa chiwui vang, maha kachangwui khamakui horam kathana. Akhavawui mangla ringpha ngasaka."

Kapha eina kasana chilala ithumwui kaphaning eina ot sathui haikha akhavapa chili ningyang maung ngasakrar mana. Chacham sada company akhawui akhavana nathumli officeli pamlu mi rara sara da hanghai. Kha nathumna chithada masala officewui ot papama chida ot katei sathui haikha china akhava pali ningyang maung ngasakrar mana. Kala hili kahang khanagana mahomana.

Akhava akhawui kahang mangana kharar kaji hi khalata kanna khavai kapha ningpamwui eina kharana. Hikatha mi hiya kachangkhat eina otram khangatha maningmana kha akorli ot kasana. Khalatawui kaphaning mang eina ot sada akhava pawui kaphaning maungshungmirar mana.

Bibleli David awungawui shipai Joab kaho akhava akha leisai.

Ahi awunga Saulna Davidli kakharom atamli zangshon kachi mina. Ahi thangmeilaka kala thaonala phalaka. Davidna sangasak khangai ot katonga ana sai. Ana Ammoniteli rai sada maikashi mikahai tharan Davidli rangasaklaga konung zangshunga. Hiwui kakhalata rai khayniwui khaya chi Davidli khamina.

Ana hithada kahang khangana eina Davidli otram ngathami. Chithayi lala Davidna ningyang maungthuwa. Awui kanna khavai otmang sami kha kahang kaikahai lei.

Davidwui yangkashe Abnerna ning ngatei khavai khara tharan ali mathathathup ngarokhuida Davidna chiho kahaina. Ali mayakhamiwui marama Davidna mi kachungkhali chingrihai khavai kasana. Kha Joabna Abnerli shurvada vasathat haowa. Kaja Abner nala Joabwui avavali sathat haira sada ali machihorar thumana. Abnerli sathat haikha Davidwui mirin sak-haora kaji thei, kha awui kaphaning ungshungthu haowa.

Kala Absalomna Davidli rai kasa tharan anao ngasa haida sashida masalu da awui raimi bingli hanghai. Kha hilila Joabna Absalomli sathat haowa. Absalomli masathat kha rai rara rata chinghaora da ali sathat kahai lapai kha hi Davidwui ningkachangva maningmana. Hithada Joabna awui kaphaningla zangda ot sathui kahaina.

Ana atam kachivali Davidli ngasozat lala kahang kaihaoda Davidna ali mashitsangrar thuwa. Naolak eina Joabla Davidwui nao mayara Solomonli rai sahaoda ali chili sathat haowa. Hithada ana Davidli otram ngatha mamanlaga chiwui saman samkaphang machila yangkashe mi vangasa thuida awui mirin ngachang haowa.

Vareli otram khangathali iwui kaphaning salika maningkha Awui kaphaning sali khala da kapei khayang hi khamataiyana. Varewui kahang kaida thuihaora kaji hiya kakhalat maleimana. Churchli otram khangatha tharan kathanna bingli shurphalungra. Hithakha Satanna awui sakhangai ot masarar mana.

Varewui ot kasali kahang khangana

Varewui ot kasali kahang khangana kaji hiya apong kachivali kahang khanganali hanga. Hithada ithumna church akhawui member sada khi saran leikhala kaji theida ot saphalungra. Ithumwui ot hilak kaji matheilala saran akha sada church kaka mangasampai mana.

Churchwui maram mang maningla school kala otpam kachivali kachichawui ot leiserda khaleina. Ithumna saran ot katonga hi sashap khavai saphalungra. Varewui nao ngara sada ithumna school lila, otpam lila maningkha shim lila saran katonga sai. Kaikha sa kaikha masama kaji masapai mana.

Kachi kathana 'Iva phasa akhamanglaga kathada hilila kala chilila vada ot sapaira khala?' chida phaning lapai. Ithumna manglawui apongli zangshap kachangkhat haikha khikha kasak maleimana. Hithada ithumna atam kashakhamang chikata ot sasalala mangla zangda sasakha athei matheilakra.

Manglali kazang binga mi katei wui vang maningla khalata kanna khavai apong mapha mana. Athuma mi kateiwui theikakhui chili khaya shiya. Chiwui vang eina athuma khalata chikatlaga ot sami shapa. Kala ithumna manglali zarta leilaga eina tangda ningaila horshapa.

Hithada miwui phakhavai ot kasa manga eina mi bingna khamashung chi theishapra. Khipa khana ithumwui ot kasa chili hapkakhano mamingai mara kha athumwui vang ot sakhami theida atam kachivali ithumli ningshi chingra.

Mi akha hi group akhawui leaderna kala group akha lilya ahi member sai. Hithada awui saran ot khani leikahaina; akhana leader akha sada kala akhana member akha sada. Hili ana kapha mi akha sasakha ot khani hi akhala manothaihai mara; saser haipai. Ana 'Iva group akhawui leader sahaoda group akhawui ot kasali mavazang rarthu kajina' kaji hi masalak mara. Ana phasa eina athumli ngasoda ot mavasarar lala khikha apong akha eina sahaira saki kajina. Hithada kapha mi akha kasa hiya mi kachivali chingri kahai leishapa.

Kazing wungram kala khamashung khangarongli kakahao

Potiphar kaho bodyguard captain akhali Josephli vayorsang kahaina. Kala Josephna rao akha sada kahang ngana haoda Potipharna ashiwui thongthang katonga yangsang khavai awui pangli misangser haowa. Kathada hithada rashok-hao khala chilaga Josephna maram kateowa chi eina tangda mathalak eina ot sashap haowa.

Varewui wungramli Joseph katha mi kachungkha darkar sai. Nathumna mathada ot sada leikha akhavapa china kathada salikhala da yangkhavai maleilak mana. Thakha nathum hi kazing wungramli kayakha kahak mirakhala!

Luke 16:10li hanga, "Kateowa otli ning khamazin mi china kahaka otlila ning mazinga, kala kateowa otlila ning makathar bing chiya kahaka otlila ning mathar mana." Josephna mikumo akhali otram khangathana chilala Vareli shitksang eina ot sai. Chiwui vang eina awui kasasa saikora chi Varena saklak eina khuimida naoda Egyptwui Prime Minister sangasak haowa.

Iva Varewui ot kasali mapaireklak mana. Ngaya seiha kasawui programli ila vazang chinga kala church khamong shohaira kaji eina ina apam chili vada pung 4 amwui eina haophokta seiha sada pung 5 amli rara ngasam chinga. Chiwui atamli Daniel Prayer Meeting kaji hi maleisa mana kala chili thanmi khavai leader kala pastorla maleisa mana. Chili imangna thangkachida vathan mida seiha kasawui program khuika chinga.

Langmeida ina theological seminaryli lairik tamda leilaga Sunday, Wednesday kala Friday servicewui sermonla semchingda khaleina. Ina chot-haowa chida mi kateili ot akha samisalu kaji maleilak mana. Classwui thili kakaza nao kala church member bingli yaothuivai. Athum ngarumserkha mi kachungkhana. Thalala saikorali vapeida otram ngatha khavai ina ot sachinga.

Katamnao kaikhana bus khani kathum ngacheida church rakaka lei. Kha aruiva ithumwui bus leihaira. Hithada katamnao kachung khawui bus phara eina tangda ina shokmida church raka ngasaka. Pharava kachung maning mana lupa thara makana.

Ina ishi churchli mi kachar rangarum sangda aming rakachan bingli saklak eina khuimida seihala sami chinga. Hitha haoda athum membership rakhuiser haowa. Chiwui eina churchla kathak eina reisang haowa. Ara churchwui mi kachungkha leihaoda ot masalala chimana chisila? Maninglak mana. Mangla rakachangwui ning masuitalak mana ina.

Ara okathuili ishina semkaka church 10,000 shikha leihaira; pastor, khararnao, senior deacon, district kachivawui leader, sub-districtwui leader kala cell group kachungkha leihaira. Thalala manglali rakachang kala leikashi hiya suikata maleilak mana.

Nathumwui kahang khangana hi makui haowa kaji leila? Nathumwui ngachaili Varena khami ot sakupser haida ara sakhavai malei mana kaji leila? Ngarai kacha ot thangkachida kasahi sanla? Ithumna kahang khangana eina ot sada leikha shitkasang mataisang mamanra kala kazing wungram eina mangla huikakhuiwui ot kasali sanhaira kaji maleilak mara. Hithada kazingramli ithumwui saman hakshunra.

Kazingramli kahang khangana kazingrao kachungkha leilala mikumoli semda kahang ngana khangasakwui maram kahaka lei. Kaja robot thada shireilaga ot sakhangasak chi Varena maningchang mana. Kha leikashi eina ning tonglak eina ot kasa chi Varena ningkachangna.

Laa 101:6li kapihai, "Iwui ngaleili khalei shitkasang bingli leishimeira, ili ngasopam khavai. Shat makaka apongli makazat bingna ili otram ngathara." Makapha morei horhai laga kahang khangana mili Varena somira kala athuma mathameikap kaji kazingram New Jerusalem lila kazang samphangra. Hithada nathumla Varewui wungramli otram ngathada chiwui pakrala salaga Vareli nganailak eina okthuida ringkapha apamli vashung seranu.

Matthew 11:29

"Iwui kashai hi eina phunglu kala

iwui eina shakhuilu; kaja iya

malung khanima, takui kahaiayan,

chieina nathumna ngasam kakhui samphangra."

Hikathawi vang Ain Mangavamana

Chapter 9

Malung khanim

Malung khanim eina m: bingli khuikhami
Manglawui malung khanimli mingairareo kahai ningai khalei
Malung khanim bingwui asak avat
Malung khanimwui athei khamathei
Ngalei katumpam semkakhui
Malung khanim bingli sokhami

Malung khanim

Malung vatkazar, wukhanang kathei maningkha akhon makashok kala khon zarkathei hibingwui maramli mi kaikhana matakhak kahai lei. Mi kaikhana athumwui sakashap kala masakhararwui athishurda tuila matuiya. Hi kachichawui asak avatli zangkahaina. Varena mikahai asak avat hiya Ana ngachei khami maningkha ithum khalatana ngacheikida saklaka.

Malung khavat makhangrar mada Mosesla mi sathat kahaina kha Varena ali khuimi luishita okathuili malung nimeithui kaji mi akha ngasathui haowa. Pao kazata Johnli 'kazing khangasungwui nao' da aming phokmi, kha alila Varena ngacheimida malung khanima mi akha ngasathui haowa.

Hithada mi akhana mayachaoda makapha masa mara, langkaso ning malei mara kala malung mavatzar mara chida Vareli rakha Ana ngacheimida malung khanima mi akha ngasa ngasak shapa.

Malung khanim eina mi bingli khuikhami

Malung khanim kaji hi dictionarywui athishurda takui kahai, khanim kala malung mavat kazar hili hanga. Mikumowui theikakhuili malung makazang kala khayak katheina yaruili makazat hikatha hi malung khanimwui alungli zanga chipai. Thangkhamei kala awor vat-haida kashi kapha matheimada malung khavat makhalei hila malung khanimna da hangpai.

Kha manglashong eina malung khanim kaji hiya phap takashapwui rignai, mapung kapha kala takui kahai hikathali hangna. Kala miwui khayon khamang pheomida makapha salala kapha eina ngahanka kashap hili hanga. Hili acham aram, achei arei kathei kala mingairareo kahaiwui ningaila zangser kahaina.

Malung khanim bingwui wuklungva vat (cotton) kathana. Khi khikhana shaolala vat china khalui khuida khikhonka mashamana. Hithada mi kayakhana makapha salala malung khanim binga maringkapha ningpam malei mana. Athuma malung vata akhon mashok mana. Hithada mili makapha masamana.

Athuma mili bichar masala phap tada khuimishapa. Chieina mi bingna athumli rangasam khuingai. Malung khanim bingli mina ningkachang kaji hiya thingrong kahak akhali aphang kachungkha shoklaga vanao bingna rapada athip rakasa kathana.

Hithada sada Varena Mosesli malung khanima mi akha sada khuimi. Mishan 12:3li hanghai, "Moses hiya okathuiwui mi katongali malung nimkhamei mina." Egypt ngaleiwui eina Canaan vaukida Israel naobingli rathan kakhui tharan khararnao mang eina mi 600,000 shikhana. Shanao kala naoshinao bing zangkha million khanila langhaipai. Mikumo akhana mi hiyakha thankazat hiya kasaka otna.

Athum hi rao kasali ning mararthui kahai misera. Marama athumli lichei kala makapha tui eina matuida rakkhui kahaina. Athumwui wuklung mararlaka. Hiwui atamli mi akhana Vareli wuklung eina leikashi kaji hiya sakshun kajina. Chiwui vang eina

Mosesna matakhak kahai pangshap kachungkha chithei lala athumna atam kachivali Vareli ngakai kashina.

Khikha makhaningwui einala athumna ngalang ngalangda Mosesli complain rasa chinga. Hithada ana zingkum hangmati lamhangli mi chiyakha thanzat kashap hina kachitheiva ahi malung nimlak kahai mi akha phalunga kajina. Awui malung khanim hi Mangla Katharawui athei akhana.

Manglawui malung khanimli mingairareo kahai ningai khalei

'Ithumwui ngachaili in malung nimmei thuiya. Kha Varena iwui seiha mangahanka milak mana kala Mangla Katharawui akhonla masharat mana' da kaphaning mi leila? Hili nathumwui malung khanim chi mangla wuika maningkha phasawui khala kaji theira phalungra. Mi akha hi malung nimma chilala awui malung khanim chi phasawui ngasa kasala ngavai.

Varena ningkachang hiya manglawui malung khanim hina. Hikatha malung khanim hili mingairareo kahai ningai ngayura. Hikatha malung khanim hiya otsak eina katheina. Awui khamatha hiya mi akhana tazak kahai sari khangavai kathana. Mi akhana acham mathalak lala khamahong eina zat-haikha china ali khayak ngasaka kala awui makakashung kachithei sai. Hithada malung nimlak lala mingairareo kahai ningai maleikha malung khanim mapung maphamana.

Mingairareo kahai hiya ain mavai mana kala phakakhaning

eina masakhuipai mana. Hiya wuklung kathar eina kashokna. Wuklung matharkha mingairareo kahai maleipai mana. Wuklung rida masamatha haila kapha ot sara kaji hiya masapai mana. Kala nathumna chithada sada leikha khalatawui khangazan mathei mara. Langmeida nathum sakashap mina dala ningli khuida ot akhanida masakhui mara.

Hanglaksa chikha mikumowui mikta lila akor mangli kapha sakakhaning bing hiya mili mayui khuirar mana. Shitkasangwui alungli wuklung kathar makhalei hi aremana.

Chancham sada mi kaikhana mashunwui mina chilala athumli makhamaya mi bing liva yangtada bichar sai. 'Hina mashunga khiwui vang hithada masamara khala?' chida athumwui kaphaning ungshung khavai mila khomzata. Mili kashim tui eina matui kha wuklung liva bicharna pem. Hikatha mili mi bingna ngasamkhui khavai apong maleimana. Athumwui ngalemli khipakha marangai mara.

Makapha ningai khalei binga malung vatzar laka. Kha athumli khalei khalata mashun kaphawui ningpam hi phakhavai apongna da athumna phaninga. Malung khanim mi akhana hikatha tui mamatui mana kala pangapa kapai ot masamana. Athum khalei pamli chingri kahaila lei.

Wuklungwui makapha chi fakham hailaga manglawui athei mamatheipai mana. Nathumna chithada sada leikha mili kachithei kasana. Manglawui athei mathei ngasak phalungra chikha laklui lakluida nathum kaji katha mikhala kaji theiphalungra.

Malung khanim bingwui asak avat

Malung kaping kala malung khanim hiya shamadru kathanada kaikhana hanga. Kongwui eina longkhara khamakho katonga shamadruli longzanga chieina khamakhao bing chi shimanda tara chi thar haowa. Hithada ithumna malung kapinga kala khanima sakha mibingli morei tharkhui khavai shongfa chitheida huikhami samphang ngasak shapra.

Kala malung khanim chili mingarareo kahai ningai ngayurda ot kachungkha sashapra kala mi kachungkhawui wuklungla yuikhui shapra. Ara malung khanim bingwui asak avat pheingarum khavai chancham akha yangsa.

Rimeithuida athumwui otsakva tacham taram hai.

Ning takui hailala hi salakra kaji makhalei binga mili makhuirar mana. Hikatha mili kateina ngashanyang chinga. Thotrinchanli awunga kaikhana malungva nimlaklaga mingairareo kahai ningai makhalei eina athumwui ngalei masemkhui kharar lei. Kha naoda mi bingna chikatha awungawui maramli lairik eina kapa rasamkaphang tharan athum chi malung khanim maningla hi salakra kaji makhalei mi ngasasai.

Kachi katha awungava thangmeilaka kala khayala kalaka.

Athumna mungda praja bing chingri kahai samphanga. Hithada malung khanim eina mingairareo kahai wuklung khalei bingna kapha kashi theida bichar sashapa.

Jesuna khamazipa ningai eina ngasoda ain kathema, phakakhaning kala Pharisee bingli kaharda Temple rasamathai. 'Teknanai titila masatek kala mitnanai meiwonla masashimti' kajiwui chancham thada ana sashilak kahai thada salala mi bingli ning saza khavai apong eina makahar mana. Ithumla Jesuwui ningpam hikatha hi leikha mina mayui mara.

Proho thada tacham taram kahai acham aram khalei hila tuimatui kala otsak manga eina thei. Athuma makan khana kala aremawui tui mamatuizat mana. Sarila mathada ngavai. Kala athuma nimsor eina khangazanwui zakmai maka mana.

Phahon kachon mathada makhangavai, kuisamla mathada masek kasang kala ngasan kasawui tui mang matui kazat athum bing liya mina khaya mashi mana kala athumna mili mayuikhuirar mana. Kasak kapai khara tharan athumli mina machihanrar mana.

Jesuna ngasan sazatsa kha awui sakhangatha bingla ali ngasan sashanda leisara. Hithada khikha kasak kapaiwui tui matuilala ali ngayat kakala leisa papamra. Kha Jesuna chi matha mana. Tacham taram eina ot sada mi bingna ali khaya shi kala awui thila shura. Hithada Jesuwui otsak eina tuimatui chi theida mi bingna ali ningyang unglaka.

Akhava kaikhana awui otsakruma bingli ngasan sada mana khangarum kaji hiya khangachana. Kha awui ayaonao bing eina ngasoda ngasan sapam haikha mamashung mana. Hithada akhava akhana ning mamazin akha kala sari mathada masakha ayaonao bingna ali sakta makhuirar mana. Matailak eina senior officer sada khalei bing ning mazinlak eina sara.

Akhava akhana chuilak eina tui khamatui tharan ayaonao kaikhana chuida ngahanka luihaikha athumli phap tangasak khavai nemta phalungra. Hithada athum nala ali ngateida makhui mara kala khikha mangayatla ana hangki kaji tuila hangshapra.

Romnao 15:2li hanghai, "Kha khongnainaoli awui shitkasang mataisang khavai ningyang ungasak phalungra." Philippinao 4:8 lila hanga, "Naomeikapta, ivanao bing, khamatha masot samphang khangayi, khamashung ning kahak, mashun, kathar, khamatha kala khaya kaka hikatha hi nathumwui ningli shaptit hailu." Hithada kapha kala mashunwui mibinga ngaronglak eina ot sashapra kala mi lila ringpha ngasak shapra.

Mathangli, malung khanim binga lumashanthei.

Malung khanim binga kachama bingli ngachon khami mang maningla manglali ngazanda khalei bingli ngachonmi shapa. Kha malung khanim chi otsak mazangkha Prohowui khamatha chi mili mangayaorar mara.

Vareshi sakhavai kasali mi akhali rekharek haowa chisa. Hili churchwui kathanna bingna seiha mang rasami haira chikha mamashung mana. Kathada leili khala kaji theida apong kachungkha eina ngachonki kajina. Hithada sada athumwui khangachon chi awui pangshap ngasara kala china ali khamashung chili thanva shapra.

Hanglaksa chikha kasak atamli malung khanim hi otsak eina chitheisa kaji hi saklaka. Kha hi kasa tharan mili yuikakhuina. Chiwui vang eina Bibleli 'malung khanim bingna wungram ngalei samphangra' (Matthew 5:5) da kapi kahai hi saman haklaka. Saman samkaphang kaji hi malung khanimwui atheina da hangpai. Kala ithumna khi khikhawui eina prize samkaphang hi kahang khanganawui eina kharana.

Malung khanim binga saman kala sokhami kachungkha samphangra. Hi thada malung khanimli kahang maning mana, kha otsak khangayur chili kahangna. Athumna otsak eina sakachithei tharan mi bingna mayangaida shura. Hiwui eina shurda khalei bingli khamashung chithei shapra kala mangla kachungkhali katang makhavai mirin chili thanva shapra.

Malung khanimwui athei khamathei

Malung khanimwui athei kathada mathei khala? Ithumwui wuklung hi ngalei katumpam katha sangasak phalungra.

Ana apong tarakha chancham eina tamchitheida hanga. "Atam akhali mi akhana atha yaokida vai. Ana luili atha yaomamanlaga kaikhana shongfapheili tatunga, chi vanao bingna rangamuiza haowa. Kaikhana ngalei tarakha makhalei lungguina pemting kahai apamli tazangda thaklak eina kharshoka kaja ngalei chi mathukmana. Kha zimik kashok eina zingham kaprorda along bing chi angayung thukta makhaleiwui vang ngahui haowa. Kaikhana kashat bingwui ngachaili tazangda kashatrong bing hakasang eina shangthat haowa. Kha kaikhana ngalei katum pamli tazangda athei matheiya, thingrong kaikhali athei shasha kala khangateili hangtharuk thumrara matheiya" (Matthew 13:3-8).

Matthew chapter 13wui athishurda ithumwui wuklung akhum mati lei. Athum chiya shongfaphei, lungguipam, kashat khaleipam kala ngalei katumpam hina.

Mashun ning khanganingwui wuklung sakhai phalungra. Hiwui wuklung hiya shongfa pheiwui apam kathana

Shongfa hiya mina zatching haida ngalei makanglaka; chili atha akhar makharar mana. Atha chi angayung matarar mada vanao bingna rashai haowa. Hikathawui wuklung hiya ning mararlaka. Khamashungwui vang wuklung mashorar mada hikatha wuklung khalei binga Vareli matheirar mana kala shitkasangla mashitsangra mana.

Athumwui theikakhuina nganingshing haoda Varewui tui mazangrar mana. Athumwui theikakhui chi mashunga chida nganingching shapa. Hikatha mina Vareli han-ungra chikha rimeithuida wuklung khamakang chi sakhai phalungra. Hiya moreina. Hi khalei eina mili machapai mana kala Vare lila mashitsangrar mana.

Ning makathar binga khamashung tui hanglala ningmaong pama. Romnao 8:7li kapihai, "Kaja phasawui athishurda kazata mi chiya Vareli yangkashena; ana Varewui ain mashur mana, kasala masarar mana." Hangkahai hithada athumna Varewui tui chi lila 'Amen' da mahangrar mana.

Haokaphokli mi kaikhana ning mararlak lala naoda ning ngacheida shitkasanga mi ngasathui kahai leikapa. Hikatha mi bingwui wuklung hi akor mangli khamararna kha alunga mamarar mana. Shongfaphei kathawui wuklung hiya hikatha maning mana. Hikatha wuklung hiya mararshap kahaina; tara chairor lala mazorla longthui kahai kathana.

Shongfaphei katha wuklung hiya atam kasangkhawui eina makapha kala makhamashungna mungra haida marashap hai; hunkhawui alungli pailak eina masakhairar mara. Hi sakhai khavai laklui lakluida hotnara. Hotna mamanda leilaga Varewui tuili makhamaya kaji hi athumwui theikakhui naka chida marakhali phaning ungra. Hithada athumli kateoteo phaningung ngasakta atam zangda semkhuiya.

Shitkasang mataisang khavai seiha samiluda ili kaikhana hanga. Varewui pangshap thei kala Awui tuila shahailaga shitkasang mataisang khavai seiha samilu kaji hi lumashanlaka. Hi shongfaphei kathawui wuklungna. Hikatha mibingwui vang shimkhur kala churchwui mina tamkachithei eina ngasoda sakchangda seiha samiki kajina. Chiwui eina Varewui tui chi angayung tada akhar kharshapra.

Lungguipam kathawui wuklungli okathuili leikashiwui ningpam

Lunggui pamli atha khayao tharan akhar shokra kha makharar mara. Hithada hikatha wuklung khalei binga Vareli kathak eina shitsang shapa kha kashui kala chang khayang khara tharan konglui haowa.

Varewui tui kasha tharan ngalangda chiwui athishurda okthui khavai athumna hotna. Athumna Mangla Katharawui otla theishapa. Kha kasuirak ningla ngachei ngalanga. Meeting vakusa chithang ning chukharara. Kapha ot sausa kajili ning maongra. Chiwui eina mathang mathang athumwui wuklung shunghaora.

Athumna ridawui kasa khava kala acham aram bingchi machihorar mada meeting maka kharar shoka. Langmeida Vareshi kaikhana kachot kachang samkaphang chi theida athum Vareli mashitsangrar thumana. Hithada kathak eina Vareli lat-ung kathak eina Awui eina mai ngarei kaji hi athumwui khangachana.

Khiwui vang Varewui tui angayung matarar thukhala? Ngalung katha wuklung phonhaida kajina. Phasawui wuklung hiya ngalung kathana; hina Varewui tuili mamaya mana. Hithada hikathawui wuklungli Varewui tui angayung matarar mana. Hanglaksa chikha hiya okathuili leikashi wuklungna.

Okathuili leishi haikha kathar zimiksho mamayonra mana. Kala athumwui wuklungla marashap haoda tithe kala offering khami katha hi maningchang mada churchla maraka ngaimana. Athumwui wuklungli ningkakachaiwui atha leihaida Varewui leikashi tui mazangrar mana.

Church rakachinglala lunggui kathawui wuklung kachungkha lei. Athuma vareshi shimkhurli pharasang haida nganui lakhawui eina Varewui tui shara kahaina, kha chiwui athishurda maringmana. Mangla Katharawui maramla thei kha athumna okathuili leishimei haowa. Varewui tui ngana mahungda leilagava chiwui athishurda okthui khavai phaninga kha shim han-ung kahai einava malai haowa. Hikatha mirin hiya aphei akhana Vareli mi kala aphei akhana okathuili mida kharing kathana. Athumna Varewui tui horchao kahaiva masamana kha chiwui athishurda maringmana.

Lungguipam kathawui wuklung apong khani shoka. Kaikhana ngakai shilaka, kahang mangana mana. Kala athumwui wuklungli yangkakharing leida mili ngayat kazat mangasam mana. Kha mili bichar kasa hi leihaoda chingri kahai maleimana. Kaikhana malung nimlak eina miwui kaphaningla thei, kha athumna kahang manganarar mana. Tuingashit sahailala mamayonrar mana. Tuingashit chi kathak eina kaihaowa.

Kathada lungguipam kathawui wuklung hi sakhaira khala?

Rimeithuida ithumna Varewui tui mathada shura. Kha athumwui vang hi pailak eina masakhuipai mana. Hanglaksa chikha athumli mina otram ngathada hokakhuina, hithada athum nala otram ngathada mili hokakhuiwui ot sara kaji hi athumna thei. Kha athumli makacha bingli otram ngathakida saklak kahai ngasai. Hithada mathang mathang Mangla Katharawui chipui khami chi shiman mamanda saran ot masala okthui haora.

Hikatha makapha ningai hi lunggui kathana khuishok-hai phalungra. Varewui tui athishurda okthui khavai kasali khalatali hapkhanoda khalei 'ningkakachai' wui ningai hi theiphalungra. Chiwui eina leikashi kala chingri kahaiwui apong phada okthuira. Langmeida saran ot chi sakhavai saphalungra. Hithakha mirinli khangachei leira.

Kakhaneli, Varewui tui athishurda kazat tharan thuklak eina seiha sara. Chancham sada kazing kharo tharan ngalei chi yihaoda lunggui bingchi kazipkhui pailaka. Honkam eina ithumna seiha kasa tharan Manglana ithumwui wuklung zorngasaka. Atam hitharan lunggui katha makapha ningchi phurshok haoki kajina. Ithumna masa kharar ridawui ot bingchi sashap khavai sara. Hithada laklui lakluida hotkhana tharan lunggui katha ningpam chi sakhai shapa. Saikora hi atungshongwui panshapli chihana, khalatawui pangshapna masarar mana.

Kashat khaleipam kathawui wuklung hiya athei mamathei mana. Hili ning yaoya kahai kala kashang bingwui kakharam ningai lei

Kashat khaleipamli atha khayao tharan akhar kharda rarsanga kha athei mamatheirar mana. Hithada kashat khaleipam kathawui wuklung hiya Varewui tui athishurda okthuingai kha otsak eina masarar mana. Hi athumli ning yaoya kahai kala kakharam khaleiwui vang eina masa khararna.

Hikatha mi hiya church rakaching lala okathuiwui ot shim kasa, business, gari lokasang hikatha thali sakmeida khuiya. Hithada okathuiwui ningaina pemhaoda athumna meeting kaching lala chiwui kankhana matheirar mana. Hithada okathuiwui otmangli ningsang haida athumli chingri kahaila malei mana. Chiwui vang eina athumna meeting kakawui sokhami chila masamphangrar mana.

Kathada kashatpam kathawui wuklung hi sakhaira khala?

Kashat hiya angayung eina phutkhuiki kajina. Kashat kaji hi phasawui ningpamli kahanga. Chiwui angayung china makapha phasawui apongli theivai. Phasawui apong hi ning eina kharana. Chancham sada ithumna thingrong akha satek hailala ashon shonda kharluishita. Kaja chiwui angayung chi leihaowa. Honkam eina wuklungwui makapha chi leida leilaga eina tangda ithumna okathuiwui ningai hi katat khavai masarar mara; makaphawui angayung chi phutkhui hai phalungra.

Matailak eina kakharam kala ngakai kashi khani hi kashat kathana. Khani hiwui angayung phutkhuimi haikha phasawui ningkachang chi sashiman haipai. Kakharam hina okathuiwui otli lungsang ngasaka. Chithada kakharam leida leilaga eina tangda khalata kanna khavai mang phazata. Kala ngakai kashi hina kahang makhangana shokngasaka. Hithada kahang mangana mada phasawui ningai eina apong kajivali bichar sapama. Chiwui vang eina kakharam kala ngakai kashi khani hi angayung eina phutshok-hai phalungra.

Ngalei katumpam semkakhui

Ngalei katumpamli atha khayao tharan akhar kharda athei thumrara, hangtharuk kala shasha mathei. Ngalei katumpam kathawui wuklung hiya mashun ning khanganing malei mana. Ngalung kala kashat katha maleimada 'Ei' kala 'Amen' chida Varewui tuili shurshapa. Hithada hikatha wuklung hina athei kachungkha mathei.

Kuplak eina mayangkha shongfaphei, lungguipam, kashat khaleipam kala ngalei katumpam kathawui wuklung mati hi khangatei mathei mana. Shongfaphei chi lila lunggui samphangpai. Hithada ngalei katumpam kathawui wuklungli kashat kathawui makapha chila samphangpai. Kha khi khikha ranu ithumna ngalei katumpam semkhui paiya.

Lui khavanao akhana mathalak eina ngalei chuikhaida ot sakha thengthut kahai apam chila ngalei katum apam ngasahaipai. Hithada ithumwui wuklungla Varewui tuina ngachei ngasak shapa. Shongfa pheiwui ngalei thada marashap kahai wuklung hila Mangla Katharawui manga eina sakhaida semkhui paiya.

Mangla Kathara samkaphang eina ithumwui ning ngachei haora kaji maningmana. Ithumwui hotkhanala leira. Seiha sakchangda salaga khamashung chili zatkhavai hotnara. Kachang akha khani hotna haira marar thura kaji masapai mana; maungshung ranglaga eina tangda hotnaki kajina.

Mangla Katharawui khangachon malei ranglaga Varena ithumwui otsak yangserda khaleina. Hithada ithumwui wuklung ngachei khangai chi Varena theida ungshung ngasaka. Chiwui eina ithumna khamashung apongli zangda kapha tui matui kala kapha apongli chukmajada ot sai.

Ngalei chuikhaida leithao leikhangsak thada ithumwui wuklung khamakang chila sakhaikha Mangla Katharawui athei kachungkha matheira. Malung khanim hina matailak kahai apong akha sada Manglawui athei mathei ngasak. Hithada malung khanima mi sasa chikha malung vatkazar, ningkakachai, kakharam, yuikashi, langkaso kala mashun ning khanganing hikatha hi phurshok hai phalungra.

Hina maram sada malung khanim hina Mangla Katharawui athei ngachaili kathar kaho hili nganaimei thuiya. Hithada ithumna malung nimkha seiha sada kapopo chi kathak eina samphang shapra. Kala apong kachivali khamahai eina okthuishap khavai Mangla Katharawui akhonla sashapra.

Malung khanim bingli sokhami

Ot kasa mi shakha shikha khalei company akha khalei hi kapai ot maning mana. Kala chiwui leader sada mi bingli zangkathan hi kapaiwui ot maningmara. Hithada athumli thanshap khavai sasa chikha malung nim phalungra.

Mi bingna pangshap khalei kala kashang bingli shurngai khamei kaji hiya khangachana. Koreawui tuili hithada lei, "Ministerwui fa thikha mi kachungkha rai, kha minister thikha khipakha maramana". Hiwui kakhalatva minister china ping pangda ot sada leilaga eina tangda mina kakahaona, kha a thikahai einava awui eina khikha samphang khavai maleimana awui kashura bingla shimanser haowa kajina.

Hanglaksa chikha malung khanim kala mingairareo kahai mi liya athum thihai lala mi bingna shura. Sina lupa samphang khavai athumli kashur maning mana kha ngasamkakhui samphang khavaina.

Cell group akhawui mi bingli eina tangda mayangsangrar mana chida kathana kaikhana matuiya. Athumna leader akhana chikha malung khanima mi akha saphalungra. Hithada mi bingna athumli rada chingri eina rangasam khuipaira. Chiwui eina khamathuk shoka. Pastor kala minister binga mi bingli khuimishap khavai malung nim phalungra.

Malung khanim bingwui sokhami lei. Matthew 5:5li hanga, "Malung khanim athum sokhami ngasaranu, khikhala jila Varena ngashitmi kahai [wungram ngalei] chi athumna samphangra." Wungram ngalei hi ithumna okathui hili ringda leilaga samphangra kaji maningmana. Hiwui ngalei hiya ithumna kazingramli samphangra. Chi liya shim kahakva samphang serda mi kachung chungkha nala rangasam khuira.

Kazingramli shim kahakva samphang khavai khangaran kasali ithum khaya kaka mi ngasa phalungra. Ithumna okathuili shim khamathatha leilala kazingramli makhuivapai mana. Kha malung khanim manga eina samkaphang kazinramwui ngalei chiya khanao eina tangda ithumwui saki kajina. Apam chili ithumwui leikashi mi bing kala Proholi ringkapha eina ngasopamra.

Chiwui vang eina nathumwui wuklung khamarar chi sakhaida athei kachungkha mathei ngasaksa; chithada ithumla Moses thada kazingramli ngalei khamatha samphangra.

1 Corinthnao 9:25

"Khangareo mi kachivana shiman haoki kaji wonrui chiwui vang angarak tazak eina mayona; kha ithumva kashim kaho mavaiki kaje chiwui vangna."

Chapter 10

Khalata khangarin

Apong khachivali khalata khangarin darkar kasa
Varewui naoli khalata khangarin khalei
Khalata khangarin hina Mangla Katharawui athei mapung phakhangasak
Khalata khangarinwui shakhi
Khalata khangarinwui athei khamathei

Khalata khangarin

Marathon hi 42.195 km (26 miles kala 385 yards) shikha khangasamna. Athumna kathakwui chang chi yanglaga ngasama. Hi kathak eina kupsang kapai maningthuda thakta ngasam phapha machipai mana. Yang pangshap ngarinlaga khangasamna.

Ithumwui mirinla himana. Shitkasangwui shongzali atazan vashungshap khavai khangda kazatna. Hithada kazingramli khayuiyawui kuihon samphang khavai ringda leikha athumna apong khachivali khalata ngarinthei phalugra.

Apong khachivali khalata khangarin darkar kasa

Khalata khangarin makhalei mi bingwui mirinli maram kasak kachungkha lei kaji hi ithumna thei. Chancham sada nao mayara akhamanga chida ali lumlak eina khanganao tharan naochi shiman haipai. Kala shimkhur chi preigaharwui pangli lei kaji thatheilaga zamkhor mang kala tas ngareozat-hao chihaikha shimkhur chila shiman papamra. 'Hina khanaowa sara' chida tuingashitla sai kha laklui lakluida saluida mirin shiman haowa.

Chinesewui Romance of Three Kingdom kharachan lairik akhali Zhang Fei kaho mipa hi thaona phalaka kha malung vatzarlaka. Kachi katha atamli khikha shok haipai chida Liu Bei kala Guan Yu anina awui vang malung ringlaka. Hithada Zhang Feili mi kachungkhana hangmazina kha awui kasa khava mangacheirar thumana. Chiwui vang eina awui kaphaning athishurda ot makasa bingli kashaola shaowa. Kha khayon makhalei mi khanili tandi mihaida anina Zhang Feili sathat haowa.

Hithada khalata khangarin makhalei mibinga athumwui malung khavat chi makhangrar mada mi kachungkhali ning saza ngasaka. Athuma yangkashe mi pailak eina semkhuida khamahai mirinli maringrar mana. Kha thangkhama binga khalatawui khangazan chi theida mili khayon maphen mana kala ning saza khavai ot masamana. Mi kateina makapha salala athumwui ning chi nemtada khangmi shapa. Hikatha hi thangkhamei otsakna; hina mili yuikhuida khamahai mirinli ringasaka.

Varewui naoli khalata khangarin khalei

Matailak eina ithumhi Varewui nao akha sada morei tharhaishap khavai khalata khangarin hi leiphalungra. Khalata khangarin hi teohaikha morei horhai khavai kasali sakmeida shoka. Varewui tui kasha tharan ning ngachei khavai phaninga kha okathuiwui kashuili laklui lakluida tazanga.

Mi kachungkhana morchai eina seiha sai kha khi tui matuida khalei khala kaji mathei mana. Langmeida mirinwui vang Vareli khi pohaili khala kajila malaihaida matui khangai matui kala sakhangai sada okthuiya. Hithada athumna phap mata kharar ot akha shokahai tharan complain sapama.

Marakhali complain sakahai chi phaningda maringpha mana, kha chi thatheilala athumna makhangrar mada horzak kahai acham zatchinga. Mi kaikhana tui matuiphok haikha matangthei mada matuipama. Athuma tui khamatuili khamashung kala makhamashung matheimana; hithada mamatui khangayi tui kachungkhala athumwui eina shokapa.

Khalata khangarin hina Mangla Katharawui athei mapung phakhangasak

Khalata khangarin kaji hi morei masa khavai kasa himangli kahang maning mana. Hi khalei hina Mangla Katharawui atheili mapung phangasaka. Mathei kharei athei chiya leikashina laga khalata khangarin hina naomeikap kaji atheina. Khalata khangarin hi Manglawui atheili khanaowali zanga chilala khamataiya akhana. Hina ithumli apong kachivali kakhang eina ot sangasakta athei kachungkha matheiya. Hithada hina mathei khanao athei ngasa salala athei katongali mapung phangasaka.

Ithumli khamathanwui athei mathei lala atam kachivali mamathanrar mana. Mi bingna mi thihaida chapta leilaga nathumna mathanda manapamkha mi bingna kathada khuira khala? Mathan katheiwui vang mina nathumli masomara. Huikhami samkaphangwui ringkapha hila ithumna apam atamwui athishurda shichinki kajina. Kaja Mangla Katharawui eina khara athei hiya singphapha machipai mana.

Vareli kahang nganada otram khangathali khalata khangarin hi khamataiya akhana. Nathumna ot kachungkha leikahai tharan atam ngayarda kachipa ri kala kachipan nao kaji yangda sara. Khamataiya meetingna chilala atam chalak eina kupsangra. Langmei kharda ot kachivali tacham taram eina kupsang khavai ningasharda sara. Kala ithumwui ringkapha kala ringkashi ningla yuiung yuiva machi ngasakpai mana.

Khalata khangarin kaji hi leikashi, lumashan katha kala kapha ot kasa hikatha thali nganailaka. Athei bing hina ithumwui wuklungli matheida ot kasa tharan ngayika mangayi makhala kaji thei khavai Mangla Katharawui akhon nganai. Hithada kachipana ri kala kachipan nao kaji theida ot sara. Kala ot hi kathada mathada sara khala kajila yangra. Hithada khalata khagarin hina kashi kapha kala kachui khanemwui athishurda ot sangasak shapa.

Mi akhali Mangla Katharawui athei katonga mathei haikha apong kachivali Varewui kaphaning athishurda ot sashapa. Khalata khangarin athei hina mapung phangasakra. Chiwui vang eina khalata khangarin hina Manglawui athei katongali mapung phangasakta Varewui wungram shokngasaka.

Khalata khangarinwui shakhi

Mangla Katharawui athei matheida ot kasa tharan khalata khangarin hina alung thungli zangda ot ungshung ngasaka. Prohowui mingli phasera chilala nawui theikakhui katonga chi phaya kaji maning mana. Marakha liya ithumna apong kachungkhali langda matui kahaila lei. Hi maphalak mana. Chiwui vang eina Varewui otram khangathali tacham taram eina ot sashap khavai khalata ngarinthei phalungra.

Khalata khangarinwui athei hi kathalak khala kaji ina hithada hangaiya.

Rimeithuida kachui khanemwui athishurda apong kachivali ot sai.

Ithumwui otpam hi mathada leikhavai tuimatui kala saran mayon phalungra. Chithakha pakhangapa kala phap mata khangarok malei mara. Kala kachichawui saran ot chili makanda masa mara. Chacham sada mission group akhawui leaderna administratorli ot akha sakhavai hanga. Kha sangasak khangai ot athishurda masala ala pangshap kasinga mi akhana chihaoda ot chi apong ngateida sathui haowa. Langmeida khalata khangarin makhalei vang eina otla ayat ungda masarar mana.

Varena ayat unglak eina kachui khanemwui athishurda ot kasa hi ningchanga. Chiya president, vice president, administrator, secretary maningkha treasurer hithada maron maronda leiphalungra. Kathana bing china ithumwui theikakhuili ngazanmeida ot sasalapai, kha chili pang tharazang haikha pakhangapa leida ot chiwui athei mamathei mara. Hithda pakhangapa leihaikha Satan razangda ot kasali hapkhano haora. Ot china yonchao machikha ithum khangmi jami ngarokta mathada ot kupsang khavai sara. Hina chingri kahaila khuirada phakhamei apong chithei khamila ngasapai.

Kakhaneli, kapha kasali atam apam theida sara.

Chancham sada chapta seiha kasa hi phai kha maram machakha Vare ningrakpai. Hithada nathumna preaching kasali maningkha mili yaothui khava tharan chukmaja kazakta tui matuira. Kathuka tuina chida athumli thada vamatuida haiphungda ungkahai masaphalung mara. Mina phap mata kharar tui matui haikha china mi bingli yonngasakpai.

Kachi katha atamli mina ngalang zarlak eina ot sada leilaga aman saklak kahai mi akhawui testimony pheita kahai shoka. Kha atam kala apam makacha vang eina awui tui chi kakhalat makhalei thahaowa. Ina chancham eina hangga. Ithum mi kachungkha meeting sada leilaga mi akhana awui testimony rapheipam haikha china khi ngasara khala? Mipa chiya Mangla Katharana pemhaoda Vare tekmatei khavai kasa salapai. Kha mi bingwui kasak atamli hithada tui ramatui kasang hiya mangacha mana. Hikatha hi khalata khangarin makhalei vang eina kashokna.

Kakathumali, kashi kapha yangda ot kasali totot masa phalung mara.

Khalata khangarin makhalei binga makhangthei mana kala mi kateiwui vangla maphaningrar mana. Totot ot kasa eina matailak kahai otla shoihaipai. Athuma chukhamaja maleila kathak eina mili bichar sada khayonla phenshapa. Hithada kakhang kaji hi athumli malei mada tuimatui lila makacha kachungkha kasha samphanga. Kaphawui ot kasali khangthei phalungra. Mina tui mamatui kuprang eina tangda ngana kazaklaga ngahankaki kajina.

Mangla Kathara masamphang ranglaga Peter hi makhang kathei mi akha ngasa sai. Chiwui vang eina awui khangacha asak avat chi mashok khavai yang eina hotna lala marar thumana. Maram akhava Jesuna thiuki kaji atamli Peterna ali mathei manada hangra kaji tui Jesuna rida hanga. Hili Peterna chukhamaja maleila ngalangda 'I chi mathalak mara' da ngahankai.

Peterli khalata ngarin kashapwui ningpam leisakha Jesuwui tui chi shalaga maram kacha eina ngahanka sara. Kala Jesuhi Varewui naona kajila theida awui tui chi saklak eina khuida leisara. Hithada ana ning ngashar meida leisaki kajina. Kha ana khalata khangarin makhalei eina totot makacha tui ngahanka haowa. Kashi kapha kathei hi khalata ngarin katheiwui eina kharana.

Jehudinao bingna Ain mayon haowa chida langso laka. Chiwui vang eina athumna Jesuli mamaya mana. Jesuna ahi Varewui naona da kahang tharan tui chi Vareli kachipatna da khuihaowa. Chiwui atam chi Booth kaho kumeili nganailak eina leisai. Hi ma kashao atamli shoka. Kuimei hi athumna Egypt ngaleiwui eina kashok chi phaning khaung kala Vareli ningshi khavai sada shim akha rara sakalaga mayona. Mi bingna zingkum kachida Jerusalemli kumei vakhamayonna.

Kha Jesuna kumei chili mava mara kaji theihaoda ashamei eina mi kaikhana 'vada matakhak kahai ot vasalaga na khipa khala kaji mi bingli theingasaklu' da Jesuli hanga (John 7:3-5). Hi athumwui tuina, "Kaja khamaho ningkachang bingna awui otsak ngathumda kasa khangacha maningmana, hikatha hi saka chikha na khalata apuk apakvali chitheilu" (v. 4). Kumei vakhamayon kaji hi maram chalala Varewui kaphaning eina masakha aremana chihaoda Jesuna makhavana. Kumei chili matai khamei maram chiya awui kathi ngarai kapam ngasa sai. Hi theida mibingna ali mamaya ngailak mana.

Hili Jesuna khalata ngarin kashapwui pangshap maleisa kha athumwui tui khuida matakhak kahai ot vasa haira salapai. Kha ali miwui tuina mahap khanorar mana. Ana Varewui khangaran chi atam chalak eina ungshung khavai ngaraipama. Chiwui eina ana ngathum sada mili mathei ngasakla Jerusalemli vahaowa. Hithada ana apam kala atam chalak eina Varewui ningkachang ot sai.

Khalata khangarinwui athei khamathei

Wuklungli akha khamorli akha chida tui khamatui ithumna theikap haira. Hikatha miva athumwui makapha chi mathei khavai mi kateiwui makapha maram mang matuizata. Awor themlak eina miwui vang kapha sami khavaina chikhaninglaga athum khalatawui kanna khavai hotnai. Ayar liya Vareli kathei thada salaga kachangkhatva mathei, karamlak eina zat. Hili phakakhaning hoi. Athumwui otsak munlak eina yangki kajina.

Khalata khangarin khalei bing liya mi kateina pailak eina mangareorar mana. Athuma Mangla Katharawui manga eina miwui tui nganashapa. Hithada miwui tui ngana maman mina phap takapai eina ngahanka shapa. Chiwui vang eina athumwui tui hiya riklaka. Ara kathada ithumna khalata khangarinwui athei matheishapra khala?

Rimeithuida makhangachei wuklung leiphalungra.

Khayon makhalei wuklung phonphalungra ithum hi. Chiwui eina ithumna ot sakhavai pangshap samphangra. Hi thangayakhali sakhui kapai maning mana. Training kakhui thada haokaphokwui eina thuida teolak kahai maram eina tangda phap tada ot kasa tamki kajina.

Akhava akhana awui ayaonao bingli training mida leisai. Thangkha athumna bazaar akha rakhamakan tharan ot khayor bingli khikha maram akhawui eina ngayat ngarok haowa. Awui sakhangatha bingna tui panglak eina matuiya kha akhava china nganapama. Laga athumna shim khaung tharan shimli letter kachungkha leisai. Letter chili ali mamaya khangai maram kapihai sada awui sakhangatha bingli chithei.

Laga ana hanga, "Mi bingna phap matangui ngasakngai mana. Athumna phap makata chi I maphungrar mana. Kha chithayi lala ina chili sakta makhuimara. Athumli ngahankasa kaji hiya iwui vanga saklaka. Thada khangpam kahai hina phameikapa."

Akhava hipawui ning thada ithum nala sashapsi kaja khi khikhana hapkakhano mamirar mara, kha chingrihai shapra. Hikatha wuklung semkhuisa chikha ningkakachai, kakharam kala yuikashi maleila Vareli shitsang phalungra.

Nganuilakha ishavana tamchithei kahai tui chi ina pastor

kasali ngachon kachangkhata. 'Kapha tui matuilu, yangkazakta zatlu kala acham mathada salu' da tamchithei kahai tui china iwui wuklung nganingshing haishapa. Hithada ithumna sara da nganing kahai maram leikha mangachei khavai saphalungra. Chiwui eina ithumna pangshap samphangra.

Mathangli khalatawui theikakhui eina maningla Mangla Katharawui kaphaning chili zatshap khavai hotnara.

Ithumna Varewui tui tamkhuida leilaga eina tangda chiwui manga eina Mangla Katharawui akhon sashapra. Mi bingna khayon phenlala athumli leishida pheomishap khavai Manglana hangmira. Kha ithumwui ningli makhamashung leikha Satanwui akhon shara. Ana rakasak khami chiya, 'Ali hithada notha haikha ili manashi chingra. Chieina ali lesson tami phalungra'. Hithada mamaya kharok chi haksangda pakhangapa rai.

Chiwui vang eina ithumna Varewui tui tamkhuida wuklungwui makapha hi horhailaga Mangla Kathara akhon sashap khavai sara. Khalatawui theikakhui kala kaphaning chi pheinai sada Awui akhon ngana phalungra. Chieina akhon chiwui athishurda ot saki kajina. Hithada ithumna apong kachivali chingri eina okthuiya.

Maram akhali khalata khangarin hina Mangla Katharawui athei ngachaili teomeikapa. Thalala hina ketei athei leikashi, khamathan, chingri kahai, kakhang, lukhamashan, kapha ot kasa, kahang khangana kala malung khanim hi bingli ngachonsera. Langmeida hina athei chikoli mapung phangasaka.

Mangla Katharawui athei hina okathuiwui aman kasaka ngalung katha lila henmei. Hi leihaikha ithumna Vareli seiha sada kapopo chi samphang shapra. Kala ithumna Varewui pangshap mi bingli chithei shapra. Chiwui vang eina ithumna okathuiwui otli makahaola hikatha atheili kahaoda okthuisa.

Galatianao 5:22-23

"Kha Manglana leikashi, khamathan, chingri kahai, jakhami, lumashan katha, kapha ot, ning katong, malung khanim kala khalata khangarin hikatha shokngasaka, Hikathawui vang ain mavaimana."

Chapter 11

Hikathawui vang ain mavaimana

Ningkhan samphang khavai hokakhui
Manglali kahaoda kazat
Leikashina rimeithui kaji athei
Hikathawui vang ain mangamana

Hikathawui vang ain mavaimana

Pao kazata Paulna Jehudinao akha sada vareshi bingli tukhui khavai Damascus vakhavai shongfali zatsai. Kha shongfali Proholi samphangda ning ngatei haowa. Jesu Christali shitkasang manga eina huikhami samphanga kaji kapha pao chi ana matheisa mana kha ning ngatei kahaiwui thili Mangla Katharana matuimida ahi Gentilenao bingli pao kazata mi akha ngasathui haowa.

Mangla Katharawui athei chiko hi ana Galatianaoli kakapi lairikwui chapter 5 li samphanga. Hithada ithumna chitamwui maram chi theikha ana khiwui vang Mangla Katharawui athei maramli kapihao khala kaji mathameida theishapra.

Ningkhan samphang khavai hokakhui

Khare missionary tripli Paulna Galatia konungli vai. Ana synagogue kachivali Moseswui Ain matam chitheila Jesu Christawui pao kapha tamchithei zata. Awui tuimatui kachivali pangshap ngayur haoda mi kachungkhana huikhami samphanga. Hithada Galatia churchwui mina Pauli leishilaka.

Kala ana Antioch konungli vakahai tharan Galatia churchli problem akha shok haowa. Galatia churchli Judeawui eina mi kaikha rada Gentilenao bingna huikhami samphang khavai ahui rimphalungra da ratamchithei haowa. Chili Paul eina Barnabas anina athumli yang eina ngayatpama.

Church chiwui mi bingna mi kaikha hokhuida Paul eina Barnabasli ngasolaga maram hiwui vang Jerusalemli va-ulu da kasoi. Hiwui problem hi Galatia kala Antioch konungli khaleina.

Hiwui maramli councilna Jerusalemli meeting kasa chi Otsak

chapter 15li kapihai. Jesuwui sakhangatha kala pao kazata, khararnao kala kathanna bingna maram chi ngazekta Gentilenao bingna meomali phakahai athei mashaipai mara, shuikhangarui otli mazangpai mara kala ashee shokngasak kahai sa mashaipai mara da tahaowa.

Chiwui eina Antioch konung hina Genetilenao bingwui chameithui kaji apam ngasahaoda ngazekta kahaiwui maram chi konung chiwui shitkasanga bingli letter eina kapiva haowa. Athumli Moseswui Ain mamayonchao khavai ningkhan mi. Hithada athumna Jesuli shitkasang manga eina huikhami samphang haowa.

Otsak 15:28-29li kapihai, "Nathumna saphalungki kaji hili langda nathumli khiotkha eina makhanang ngasaklui khangasakna phameira kaji hi Mangla Kathara nala, ithum nala maya ngarok kahaina. Chieina nathumna meomali phakahai sa mashai phalung mara, nathumna hikatha hili mazang khavai ning ngashar akha nathum ringphamei kharra. Mahaimei ranu."

Council chili ngazekta kahai maram saikora chi church kachivali ngayaovai. Kha pao kapha kala krushwui maramli mathada makathei bingna Moseswui Ain chi mayon phalungra chihaowa. Langmeida minama maran kaikhala churchli razangda Paulli mamayala Ainwui maram ratam chitheiya.

Hikatha otshot hi Galatia churchli rakashok eina Paulna vareshiwui ningkhan maramli letter kapida tam kachitheina. Ala Moseswui Ainli nganing kasa mina kha Proholi samphang kahai eina Gentilenaoli pao hakashoka mi ngasathui kahaina. Hithada kapihai, "Hi hanglu: Varewui Mangla hi ain khamayon einaka, pao kapha shalaga shitkasang eina samkaphang khala? Kathada hiyakha mangma kahai! Mangla eina haophoklaga na khalatawui pangshap eina tanghaoki kajila? Nathumna theikakhui chi aremala? Maningphut mana. Varena mangla sangmida masakharar ot kasasa chi ain khamayonwui vangla, chika pao kaphali shitkasangwui vang khala?" (Galatianao 3:2-5).

Ana Jesu Christawui pao kapha hi khamashungana kaja hiya Varewui eina kharana. Chiwui vang eina phasawui ahui marim lala wuklungwui ahui kharim china shapa da tamchithei. Kala phasa eina Mangla khaniwui ningkachang maram lila tamchithei. Hithada pao kaphawui eina khara ningkhan chi Gentilenao bing nala samphang haowa.

Manglali kahaoda kazat

Thakha Moseswui Ain chi khiwui vangkhala? Hi khamiwui marama mikumo hi makapha mirinli okthuisa haokada athumna morei kaho hi matheisa mana. Varena moreiwui maram chi theida khamashung apongli zangkhavai Ain chi khamina. Kha Ain chi khamayon manga eina morei chi mathar kapai vang Varena Jesu Christawui manga eina huikhami samphang khavai apong ngaran khamina. Galatianao 3:13-14li kapihai, "Kha ithumwui vang khonshi kahai akha sada Christana ithumli ainwui khonshat eina ngatangmi haira. Kaja hithada kapihaida lei: 'Thingtungli kathe a chi Varewui khonshat lungli lei.' Christawui manga eina Yur khangatei bingli Varena Abrahamli ngashitmi kahai sokhami chi samphangpai khavai Christana chi takam eina thimi, chieina Varena ngashitmi kahai Mangla chi shitkasang manga eina ithumna samphang paira."

Hiwui kakhalatva Ain sashimitchao haira kaji maningmana. Jesuna Matthew 5:17li hanga, "Ain eina maran tui chi shiman ngasakida I kharanada maphaning alu. Chi shiman ngasakida khara maningla kha chi ungshung ngasak khavai I kharana," kala tuiza 20 lila hithada kapihai, "Kaja ina nathumli kahangna, kaja ain kathema eina Pharisee bingli nathumna mamashungmeirar akha kachilikha nathum Kazing wungramli mazangrar mara."

Pao kazata Paulna Galatia churchwui mi bingli hanga, "Inao ngara, Christawui khangacha chi nathumwuili maleirang lakha eina tangda avana naokharali kachot thada nathumwui vang ina chotluida lei" (Galatianao 4:19), kala hangkhamazinwui tuila hithada hanga, "Ivanao ngara, nathum lila ningkhan khavai hokhui haira. Kha ningkhan hina nathum phasawui ningkachangwui khutlai sada nathumli mamung ngasak alu. Kha leishida akha eina akha ngachon ngaroklu, kaja 'Khongnainaoli na khalata leikashi thada leishilu' kaji ningkhami hili ain saikora kharupser haira. Kha sayur thada akha eina akha makei ngarokta chotngasak akha ning ngasharlu, chi maning akha nathum saikora shiman ngarokra" (Galatianao 5:13-15).

Mangla Kathara samphang kahaiya Varewui naongara sada ithumna Jesu malatra ranglaga eina tangda kathada okthuira khala? Ithumna Manglali kahaoda zatphalung chithakha phasawui ningkachang ot chi masashok mara. Hithada Manglawui athei chiko chi ithumli matheida khongnai naobing lila leishilak eina okthuishap haora.

Morei masalak lala Jesuna Ainwui khonshat alungli thimida awui manga eina ithumli ningkhan samphang ngasaka. Hi samphangda ithumna moreiwui rao masamana. Hithada moreiwui rao masalui khavai ithumna Manglawui athei chi mathei phalungra.

Ithumna morei salui salui haikha kazing wungramli kazang masamphang mara. Kha ithumli Manglawui athei matheida leikha Varena makapha kala kashuili yuishap khavai pangshap mira. Chiwui eina ithumna seiha sada kapopo chila samphang shapra.

"Chiwui vang eina leikshe bing, nathumwui mashun makhuina makhamaya malei akha Varewui miktali ithum ning khanganung lei. Awui kahang nganada ali ningyang ungkhangasakwui vang ithumna kapopo chi awui eina samphangra. Awui kakaso chi hina: ithum Anao Mayara Jesu Christali shitsang phalungra kala Christana kaso kahai thada akha eina akha leishi ngarok phalungra" (1 John 3:21-23).

"Varewui nao khipanakha morei salui salui machimana kaji ithumna thei, kaja Varewui Nao Mayarana ali yangmi haida makapha china ali khikha masathuk mana" (1 John 5:18).

Ithumna Manglali kahaoda kazat tharan Awui athei matheishapra kala ningkhanla samphangda leikashi alungli okthui shapra.

Leikashina rimeithui kaji athei

Mangla Katharawui khare athei hi leikashina. 1 Corinthnao

chapter 13li kapi kahai leikashi hi manglawui leikashi samphang khavai thankhami leikashiyur akhana. Maram hiwui leikashi liya manglawui leikashina chuimei. Manglawui leikashi hina ain katonga ungshung ngasaka. Hiwui leikashi hi ithumli leikha Mangla Katharawui ngachon khami manga eina miwui vang chikata ot sashapra.

Ithumna mathan kashapwui athei samphang kahaiwui thili leikashi rai, chi einava ithumna apong kachivali ringphashapa kala mi kachiva lila leishi shapa. Hithada ithumna khipa likha mamaya khangai malei mara kala mi kachivali chingri eina okthui shapra.

Ithumna chingri kahai hi leihaikha khangkatheiwui athei chi matheiluira. Varena ningkachang kakhang kaji hiya maphungrar mana kala mangarairar mana kaji maleimara. Langmeida wuklungli khamashung kajihi leihaoda mapheomirar mana kala majamirar mana kaji malei mara. Mi kachivali chingri eina okthui shapra.

Kapha shokhavai vang ithumna khangshap haira kajiwui thili lumashan kathei hi rara. Lukhamashanwui kakhalat hiya ithumna mathada makathei mili eina tangda khuimi shapa. Kala kachi katha mina khangacha ot makasa tharan lila khangmi jami shapa.

Lumashan katha atheiwui thili kapha ot kasawui pangshap rai. Hikatha mi hiya athum khalata liya mina phamei kala kashungmei da khuiya. Hithada miwui kaphaning athumna theimishapa. Athumna khipa likha mangayatzat mana; hithada athumwui maringkapha akhon kalikhali mashalak mana. 'Teknanai kahai titi masakatek kala mitnanai kahai meiwon masa kashimit' kajiwui chancham hi athumli kahangna. Athuma athumwui kaphaning chi saphalungra machimana.

Lumashan kathawui thili malung khanim rai. Malung khanim binga mili mahapkhano mana; hithada mi bingna athumwui eina chingri kahai samphanga. Athumli bichar sakhanga: kala khayon phen khangaiwui ningai maleimana. Hithada mibingwui kaphaningla theimi.

Hithada Mangla Katharawui athei katonga hi mirinli mathei ngasak phalungsa chikha khalata khangarin hi leiphalungra. Varewui ot kachungkha sakhavai lei; saikora hi ayap ungda sara. 'Phara' chida ot kasali langsang kahai masaphalung mara, khalata ngarinthei phalungra. Hithakha ot kasa katongali athei matheira kala Vare nala ningyang ungda shichin mira.

Hikathawui vang ain mangamana

Ngachonme Mangla Katharana Varewui nao bingli khamashung apongli thanzatmi; kala chiwui eina athumna ningkhan eina ringkapha samphanga. Huikhamiwui eina samkaphang ningkhan hili morei kala Satanwui pangshap malei mana. Kha hina Vareli khangarumwui ringkapha khuirami.

Romans 8:2li, "Kaja Christa Jesuwui lungli ithumli kharing khame Manglawui ain china moreiwui kala kathiwui eina ili ningkhan ngasak haira," chida kapi kahai thada hiwui ningkhan hiya Jesu Christali khuikasang manga mangli samkaphangna. Kala hiwui ningkhan hiya Varewui lukhamashan mazangla masamphangrar mana.

Jesuna John 8:32li hanga, "...kala khamashung china nathumli ningkhan ngasakra." Ningkhan hi khamashung china; hiya khangachei mangava mana. Hina mirin ngasada ithumli katang makhavai mirinli thanvami. Okathui hili khamashung malei mana; Varewui tuimangna makhangachei khamashungana. Khamashung kathei kaji hi Varewui tui theida chiwui athishurda kharing hili kahangna.

Khamashung ot kasa hi mapai mana. Kala mi bingna Vareli mathei ranglaga makhamashung otli zatsa haoda kapha kasali hapkakhano kachungkha leisai. Hithada makhamashungli kakahao phasawui ain eina khamashungli kakahao Manglawui ain khani hi rai saching kajina (Galatianao 5:17). Hi ningkhan samphang khavai raina. Kala hiwui rai hiya ithumna nganingshing machirang eina tangda ngararthaira.

Ithumna shitkasangwui lungharli nganingkha rai ngararpaimei. Hithada rai ngarar mamanda tharkhamathengla samphangda khamashungwui ningkhan chi ithumna samphanga. Kha ithumna khamashungli zangshap haikha rai ngararshong machilui mara. Mangla Katharana thanmida Varewui kaphaning alungli okthui haora.

Chiwui vang eina Galatianao 5:18li kapihai, "Manglana thanmikha nathum Ainwui azingli maleilui mana," kala tuiza 22-23li, "Kha Manglana leikashi, khamathan, chingri kahai, jakhami, lumashan kathei, kapha ot, ning katong, malung khanim kala khalata khangarin hikatha shokngasaka. Hikathawui vang ain mavaimana" da kapihai.

Mangla Katharawui athei chikowui message hiya sokhamiwui khamong shokhami kathana. Kha chiwui chapi chi ithumli leihaoda khamong chi ningsasak eina masho mara. Ithumna chapi eina shora; hiya Varewui tui kashurli lei. Ithumna shahaoda shaphaira machipai mana; tui chi otsak eina sashokta chiwui eina sokhami chi raki kajina. Kaja sokhami chi Varewui tui chili khaleina.

Matthew 7:21li hanghai, "Ili 'Proho, Proho' da khangakaoa mi kachivana kazing wungramli zangki kaji maningmana, kha kazingramli khaleiya Ishavawui kaphaning kasa a china zangra." James 1:25 lila hanga, "Kha kachi kathana kakashung kala ningkhan khangasak ainli saklak eina singda mayontitkha kala kashamang maningla otsak eina ngasoda sakha awui kasasali Varena ngasomira."

Varewui leikashi eina sokhami samphang khavai ithumna Mangla Katharawui athei chi khi mamei khala kaji theira, kala Varewui tui athishurda ringphalungra. Ithumna khamashung alungli zata athei bing hi mathei haira chikha khamashungwui ningkhan chila samphang haora. Chiwui eina Mangla Katharawui akhon shada chiwui thankhami manga eina apong khachivali khamahai samphanga. Hi Varewui tuingashitna. Nathum saikora okathui hi lila kala kazingram New Jerusalem lila Varewui ningyang kha-ung mirinli ringda khaya samphangser khavai ina Proho mingli seiha sada lei.

Kapime:
Dr. Jaerock Lee

Dr. Jaerock Leehi 1943li Korea Republic wui Jeonnam Province Muanli pharai. Zingkum makali zatlaga Dr. Leehi zingkum shini maraikapai kazat kazapamda marailuimarada phaninglaga kathi honpamma. Thasayilala 1974 lumkacang ra-uki kachi atamli thangkha ashachonna church akhali hovalaga chili ana khuktida seiha vakasa eina ngalangda awui kazat katonga kharinga Varena raimi haowa.

Atam chitharan Dr. Leena hikatha matakhak kahai otshok hi eina kharinga Vareli samphangda hiwui eina Vareli nganailak eina okthuida 1978li Varewui rao akha sakhavai kapangkhui haowa. Varewui kaphaning kala kahang nganada ot sashap khavai ana thuklak eina seiha sapam chinga. 1982li Korea wui Seoul konungli ana Manmin central church shohaowa kala chili mashan kharar Varewui matakhak kahai kazat raikhami ot tarakha shokka.

1986li Korea wui Annual Assembly of Jesus' Sungkyul Churchli Dr. Leeli pastor akha sada ordain samiya laga zingkum matiwui thi 1990li haophoklaga Far East Broadcasting Company, Asia Broadcast Station, kala Washington Christian Radio Systemna awui sermon Australia, Russia, Philippines kala apam tarakhali broadcaste samiphok haowa.

Zingkum kathumwui thi 1993li Manmin Central Churchli Christian World magazine (US) na "World's Top 50 Churches" wui alungli channgasak haowa, laga Christian Faith College, Florida, USA li Honorary Doctorate of Divinity samphanga kala 1996li Ministry kasa wui Ph. D. Kingsway Theological Seminary, Iowa, USA li tamkhuiya.

1993 wui eina Dr. Leena Tanzania, Argentina, L.A., Baltimore City, Hawaii, kala New York City of the USA, Uganda, Japan, Pakistan, Kenya, Philippines, Honduras, India, Russia, Germany, Peru, Democratic Republic of the Congo, kala Israel ngalei hibingli crusade meeting kasali tarakhashida vathanna. Laga Jerusalemli ICC Israel crusadelila Jesu Christahi Messaiahna da hashokta Uganda CNNli chithei. 2002li khangarumma okathuiwui crusade tarakha sakazat wui vang Koreawui major Christian newspapersna ahi "worldwide pastor" da phongmiya.

2016 Septemberli Manmin Central Churchhi member 120,000 langhaowa. Ramli kala miramli Koreawui konung bingli church khalei zangda 10,000 church leiya kala ngalei 23li United States, Russia, Germany, Canada, Japan, China, France, India, Kenya, kala kateilila zangda missionary 129 chihoda lei.

Lairik phongkaphok wui eina thuida Dr. Leehi Mathiranglaga Katang Makhavai Mirin Khamazap, Iwui Mirin Iwui Shitkasang I & II, Khrush wui Pao Kapha, Shitkasangwui Khantam (Measure), Kazingram I & II, Kazeiram, kala Varewui Pangshap hibinghi zangda lairik 85 kapihaira. Awui otbinghi tui 76 langmeida khalatshok haira.

Awui Vareshiwui columnhi the Hankook Ilbo, The Chosun Ilbo, The JoongAng Daily, The Dong-A Ilbo, The Munhwa Ilbo, The Seoul Shinmun, The Kyunghyang Shinmun, The Korea Economic Daily, The Korea Herald, The Shisa News, kala The Christian Press li zangserda lei.

Dr. Leehi aruiruiva missionary organization kala association tarakhawui kathanna sada lei: The United Holiness Church of Jesus Christ wui chairman sada lei; Manmin World Mission wui President sada lei; The World Christianity Revival Mission Association wui Permanent President sada lei; Manmin TV wui Founder na Global Christian Network GCN wui Founder kala Board Chairman na; World Christian Doctors Network (WCDN) wui Founder kala Board Chairman sada lei; kala Manmin International Seminary (MIS) wui Founder kala Board Chairman sada lei.

www.ingramcontent.com/pod-product-compliance
Lightning Source LLC
LaVergne TN
LVHW021814060526
838201LV00058B/3376